教育部人文社会科学研究基金项目"琼崖革命与马克思主义中国化研究"（11YJA710021）资助

琼崖革命进程中的马克思主义中国化

李德芳 杨素稳 等◎著

THE CHINESIZATION OF
MARXISM IN THE PROCESS
OF QIONGYA REVOLUTION

中国社会科学出版社

图书在版编目（CIP）数据

琼崖革命进程中的马克思主义中国化 / 李德芳，杨素稳等著 . —北京：
中国社会科学出版社，2016.9

ISBN 978 - 7 - 5161 - 9005 - 0

Ⅰ.①琼… Ⅱ.①李…②杨… Ⅲ.①革命史 - 研究 - 海南②马克思主义 -
发展 - 研究 - 海南 Ⅳ.①K296.6②D61

中国版本图书馆 CIP 数据核字（2016）第 227436 号

出 版 人 赵剑英
责任编辑 任 明
特约编辑 付 钢
责任校对 石春梅
责任印制 李寡寡

出 版 中国社会科学出版社
社 址 北京鼓楼西大街甲 158 号
邮 编 100720
网 址 http：//www.csspw.cn
发 行 部 010 - 84083685
门 市 部 010 - 84029450
经 销 新华书店及其他书店

印刷装订 北京市兴怀印刷厂
版 次 2016 年 9 月第 1 版
印 次 2016 年 9 月第 1 次印刷

开 本 710×1000 1/16
印 张 15
插 页 2
字 数 210 千字
定 价 58.00 元

前　言

中国共产党领导的琼崖革命因"二十三年红旗不倒"而备受学界关注。改革开放以来，中共党史学界对琼崖革命进行了比较系统的资料整理和研究，推出了《冯白驹研究史料》、《琼崖大革命史料选编》、《琼崖土地革命战争史料选编》、《琼崖抗日斗争史料选编》、《琼崖解放战争史料选编》等一批重要资料汇编，出版了《琼崖纵队史》、《红旗不倒——中共琼崖地方史》、《冯白驹将军传》、《黎族人民斗争史》、《琼崖革命论》、《中国共产党海南历史》（第一卷）、《琼崖革命精神论》、《琼崖革命史》等一批专题研究著作。[①] 琼崖革命研究领域不断拓展。

琼崖孤悬海外，党在领导琼崖革命的过程中遇到许多特殊困难。这特别需要中共琼崖地方组织运用马克思主义基本原理，从琼崖实际出发制定方针政策和行动策略。琼崖革命的历史进程表明，琼崖革命是马克思主义中国化在琼崖区域的生动实践，是马克思主义基本原理与区域革命实际相结合的典范。从马克思主义中国化的角度对琼崖革命进行研究，十分必要。

马克思主义中国化从具体表现形式上看，包括两个部分：一是马克思主义基本原理与中国实际相结合产生的理论成果；二是将马克思主义与中国实际相结合，用于指导中国革命和建设的过程，即促进马克思主义中国化的各种实践活动。以马克思主义理论为指导开展党的思想政治教育，把马克思主义付诸实践，在实践中发展，在发展中实

[①] 　关于比较系统的琼崖革命研究综述，参见本书附录。

践，是马克思主义中国化的具体表现。思想政治教育是马克思主义中国化的重要途径。[①] 基于对马克思主义中国化的这一理解，本书主要从以下几个方面进行探讨。

一是琼崖早期革命知识分子与马克思主义中国化。琼崖早期革命知识分子群体，主要指从五四运动到中共琼崖地方党组织成立期间，在琼崖积极进行革命理论宣传和从事革命活动的知识分子群体。该群体在传播马克思主义和从事革命活动中逐渐成熟，转变为琼崖最早的一批共产主义者。他们在琼崖从理论和实践两个方面对马克思主义中国化进行了积极探索，为整个琼崖革命进程中的马克思主义中国化奠定了基础。

二是冯白驹与马克思主义中国化。冯白驹作为琼崖早期革命知识分子群体成员，在琼崖革命斗争中逐渐脱颖而出，成为琼崖人民革命斗争的一面旗帜。在领导琼崖革命的过程中，冯白驹坚持一切从实际出发、实事求是的思想路线，将马克思主义基本原理与琼崖实际相结合，创造性地解决了琼崖革命中的一系列重大问题。以冯白驹为代表的琼崖共产党人在革命进程中推动马克思主义中国化的区域实践，为我们留下了宝贵的历史经验。

三是土地革命战争时期党对琼崖农民的思想政治教育。大革命失败后，党在琼崖的地方组织领导机关被迫转移到农村，坚持革命斗争。琼崖革命进入了土地革命战争时期。在农村能否唤起农民的革命积极性，能否得到广大农民的支持和配合，是关系到琼崖党组织能否生存和发展的关键。面对琼崖复杂的环境和严峻的形势，中共琼崖特委在运用马克思主义基本原理解决琼崖革命具体问题的过程中，大力开展对琼崖农民的思想政治教育，使党的方针政策落地生根，推动了土地革命战争的发展。

四是抗日战争时期党在琼崖抗日根据地的思想政治教育。抗日战

---

① 渠长根、翟佼：《思想政治教育在马克思主义中国化中的地位与作用问题研究——马克思主义中国基本经验的另一视角》，《学习论坛》2009 年第 4 期。

争爆发后，党领导的琼崖红军根据国共两党达成的协议，改编为广东民众抗日自卫团第十四区独立队（后改为独立总队、独立纵队），奔赴抗日前线。党在领导琼崖抗日游击战争，创建琼崖抗日根据地的过程中，十分重视思想政治教育工作。党在琼崖抗日根据地的思想政治教育，提高了根据地军民的政治觉悟，保证了党的路线、方针、政策的贯彻落实，为夺取琼崖抗战的胜利提供了重要的思想政治保障。

五是解放战争时期党在琼崖纵队的思想政治教育。琼崖纵队是中国共产党领导的琼崖武装斗争的重要力量。解放战争时期，党在琼崖纵队进行了形势教育、阶级教育、党性教育、战斗精神教育、群众观点教育、团结互助教育，对统一党和军队的思想认识，提高军队的战斗力，起到了重要的作用，有力地推动了琼崖解放战争的胜利进程。

本书对上述问题的探讨，只是琼崖革命进程中马克思主义中国化的几个侧面。其研究深度和广度均有待于进一步拓展。希望本书能够给今后学界的琼崖革命研究提供一个值得深入思考的新视角。

目　　录

第一章　琼崖早期革命知识分子群体与马克思主义中国化

琼崖早期革命知识分子群体，主要指从 1919 年五四运动到 1926 年中共琼崖地方组织成立期间，在海南积极进行革命理论宣传和从事革命活动的知识分子群体。琼崖早期革命知识分子群体，为了改造琼崖，"为民众立永久的幸福"，担当起琼崖革命"伐木开山的先锋"①，活跃在琼崖革命舞台上。他们致力于传播马克思主义，努力唤醒琼崖劳苦大众，在传播马克思主义和从事革命活动中逐渐成熟，转变为琼崖最早的一批共产主义者，成为琼崖革命的骨干和脊梁。

一、琼崖早期革命知识分子群体的成长

知识分子在民主革命中往往扮演着极其特殊而重要的角色。列宁指出："在任何一个政治运动或社会运动中，在任何一个国家里，一定阶级的群众或人民群众同该阶级或人民的少数知识分子代表之间的关系，只能是这样的：无论什么时候什么地方，一个阶级的领袖永远是该阶级最有知识的先进代表人物。"② 在琼崖革命历史进程中，琼崖早期革命知识分子群体是琼崖革命的先锋，在琼崖革命进程中发挥了十分重要的作用。

琼崖早期革命知识分子群体主要是以杨善集、王文明、冯平、陈

---

① 徐成章：《敬告琼崖同志》（1924 年 5 月 16 日）。中共海南省委党史研究室编：《琼崖大革命史料选编》，1994 年版，第 148 页。

② 《列宁全集》第 4 卷，人民出版社 1984 年版，第 277 页。

垂斌、罗汉、许侠夫、周逸、何德裕、黄昌炜、罗文淹、柯嘉予、李爱春、陈德华、陈三华等参加中共琼崖一大人员为主体，包括徐成章、徐天柄、周士第、冯白驹等海南籍早期革命知识分子，同时也包括陈公培（又名吴明）、鲁易、罗汉等虽然非海南籍但在海南从事早期革命活动的知识分子。

琼崖早期革命知识分子群体从初步形成到成为较成熟的革命知识分子群体，大致经历了以下几个阶段。

（一）五四运动时期

早在辛亥革命前后，受孙中山民主革命思想的影响，琼崖涌现出一批追随孙中山的革命先驱。林文英就是其中的代表。林文英早年在日本东京留学时，与孙中山结下"布衣之交"，开始参加孙中山领导的民主革命。林文英后响应孙中山"联成海南同志、扩充团体"的指示，与陈子臣等返琼秘密组织海南进步学生和部分励志会成员，创建了琼崖同盟会支部，并创办了海南第一家革命报纸——《琼岛日报》和海口工商夜校，积极宣传爱国与反帝反封建的革命思想，影响了一大批琼崖青年学生。徐成章、徐天柄、梁秉枢等人就是深受民主革命思想的影响，在1909年相继加入励志会和琼崖同盟会支部，开始投身于革命活动的。

琼崖早期革命知识分子群体是在五四运动的洗礼下初步形成的。在五四运动前后，初步形成了以琼崖中学为中心，以杨善集、王文明、洪剑雄、陈垂斌、王器民、周士第等为主要成员，以琼崖十三属学生联合会为主要组织的琼崖早期革命知识分子群体。1915年后琼崖早期革命知识分子群体中的大部分成员先后进入琼崖中学、府城华美中学、琼山中学、琼海中学等学校学习，杨善集、王文明、冯平、周士第等读书的琼崖中学成为当时海南进步学生的中心。同在琼崖中学读书的杨善集、王文明等志向相投，结为挚友，共同建立了青年观摩会，时常在一起探讨救国救民和"改造琼崖"的道路，杨善集、王文明等逐渐成为琼崖早期革命知识分子群体的核心和灵魂人物。

　　1919 年五四运动爆发，这场空前的反帝爱国运动促进了琼崖人民的觉醒，更推动了琼崖早期革命知识分子的成长和琼崖早期革命知识分子群体的形成。海南籍北京大学学生郭钦光，是五四运动中牺牲的第一位烈士。郭钦光在五四运动中为国而死的英勇事迹传到琼崖，激发了广大青年学生的巨大爱国激情。琼崖中学、琼山师范、华美中学等 6 校的青年学生首先起来声援北京学生的爱国行动，此后文昌、乐会、琼东、澄迈等地的青年学生也纷纷举行集会和游行示威活动。1919 年 5 月 18 日，在王文明、杨善集、冯平、陈垂斌、周士第、王器民等琼崖青年知识分子的发动和组织下，府海地区和琼崖各县中学的代表，在琼崖中学成立了"琼崖十三属学生联合会"，王文明为副会长，杨善集、陈垂斌、罗文淹等为常务理事，掀起了琼崖青年运动的高潮。在五四运动中，杨善集、王文明、陈垂斌、周士第、王器民、洪剑雄、冯平、冯白驹等一批具有进步思想的琼崖革命知识分子逐渐成长起来，表现出了强烈的反帝反封建意识。五四运动后，这批琼崖先进知识分子深入海南的工厂和农村，在工农群众中大力进行新文化、新思想的宣传，对于唤醒琼崖人民的革命精神起到了积极的作用。

（二）出岛求学热潮时期

　　琼崖早期革命知识分子群体在五四运动中初步形成后，随着海南革命运动的发展和中国共产党的成立，在 20 世纪 20 年代初海南学子出岛求学热潮中，琼崖早期革命知识分子群体得以不断成长。

　　1920 年，徐成章、冯平、王器民等在海口创办《琼岛日报》和《琼崖旬报》，1921 年 4 月《琼崖旬报》正式出刊，任用刚从欧洲回国的罗汉、鲁易及从北京来琼宣传革命的李实等人担任该报编辑，以改造琼崖为宗旨，积极"介绍欧洲最近的社会主义学说，给琼崖人研究"。[①]

---

　　① 徐成章：《〈琼崖旬报〉创办之经过》（1922 年 4 月）。中共海南省委党史研究室编：《琼崖大革命史料选编》，1994 年版，第 7 页。

　　中国共产党成立后，1921 年年底到 1922 年年初，中共早期党员吴明（即陈公培），共青团员罗汉、鲁易、李实等先后被中共中央派到琼崖开展革命工作。他们来到琼崖后，同琼崖的中共早期党员毛孟屏和琼崖的先进青年知识分子徐成章、徐天柄、王器民、王大鹏等人相会合，在海口创建了海南最早的青年团组织——琼崖社会主义青年团。他们以《琼崖旬报》为阵地，组织琼崖友声书社、琼崖文化书局、琼崖土剧改良社等组织和团体来宣传革命理论和革命文化，积极在琼崖青年学生和工人群众中进行马克思主义理论和革命思想的宣传活动，使马克思主义逐渐成为五四运动后琼崖新文化、新思想的主流和方向。琼崖早期革命知识分子群体在宣传革命理论和革命文化的实践活动中得到了极大的锻炼和提高，初步完成了自己世界观、人生观、价值观的转变。

　　1922 年秋，经吴明请示中共中央后，同意王文明、罗汉、鲁易、徐成章、徐天柄、王器民、王大鹏等十多名青年知识分子加入中国共产党。① 随着琼崖早期革命知识分子群体中这些骨干成员成为琼崖最早的一批中共党员，琼崖早期革命知识分子群体完成了质的飞跃和转变。

　　在 20 世纪 20 年代初，琼崖出现了进步青年知识分子出岛求学热潮。在这一出岛求学热潮中，琼崖早期革命知识分子群体的许多成员为了寻求"改造琼崖"的道路，怀抱"奋起救琼之心"，纷纷出岛学习新文化、新思想，在岛外各地团结组织琼崖进步青年知识分子，建立革命团体，创办各种革命刊物，积极开展和参加各种革命活动。琼崖早期革命知识分子群体的不少成员正是在这一时期接受了马克思主义，加入了中国共产党。

　　在出岛求学的热潮中，琼崖青年知识分子在岛外学习的多达数千人，大多分布在广州、上海、北京和南洋等地。其中，在广州求学的

---

① 参见陈公培《回忆党的发起组和赴法勤工俭学等情况》。中共海南省委党史研究室编：《琼崖大革命史料选编》，1994 年版，第 589 页。

琼崖青年知识分子数量最大，达到七八百人之多，包括杨善集（先在广东工程学校读书，后由党组织选派赴苏联东方大学学习）、徐成章、周士第、严凤仪（徐、周、严均是先在云南讲武堂，后进入广州黄埔军校）、洪剑雄、徐天柄、雷永栓（在广州农民运动讲习所学习）等。他们先后在广州创建了海外品学观摩会、琼崖少年同志会等组织，创办了《觉觉》、《新琼崖评论》等刊物。在上海求学的琼崖青年知识分子达到四百多人，有王文明、冯平、冯白驹、许侠夫、王器民、罗文淹、叶文龙、陈垂斌等，成立了琼崖青年社，创办了《琼崖新青年》、《海南潮》、《琼崖旅沪学会月刊》、《南语》等刊物。柯嘉予、莫孔融（即莫同荣）等在北京，组建了琼岛魂社，创办了《琼岛魂》等刊物。徐天炳、潘云波、黄昌炜、王业熹等远赴南洋。杨善集、冯平、徐天柄等由党组织选派赴苏联留学。

出岛求学的琼崖青年知识分子中的大多数人，经过五四运动的洗礼，抱忧国忧民、"奋起救琼之心"，如饥似渴地学习新文化、新思想。在出岛求学热潮中，《新青年》、《每周评论》、《广东群报》、《马克思全书》、《共产党宣言》等一些宣传新文化、新思想的报刊和图书，陆续传入海南，一时海南形成了琼崖青年学子外流，新思想、新文化涌进的景象。

在出岛求学热潮中，琼崖早期革命知识分子群体成员在岛外极大程度上克服了孤岛意识，开阔了视野，更系统更深入地学习了新文化、新思想，其马克思主义理论素养得到了很大提升。他们在各地宣传马克思主义和从事革命活动的实践中经受了锻炼，强化了革命知识分子群体成员之间的交流与团结。出岛求学热潮对琼崖早期革命知识分子群体的成长发展起到了十分重要的作用。

（三）中共琼崖一大召开

1924 年国共合作的革命统一战线建立后，大革命的风暴席卷广东全省，琼崖距离当时的国民革命中心——广州较近，深受其影响，因而琼崖国民革命运动迅速发展起来。在国民革命运动中，中国共产党琼崖地方组织逐渐建立起来，琼崖早期革命知识分子群体走向成熟，轰轰烈烈的琼崖革命进入了新的历史阶段。

在 20 世纪 20 年代初的琼崖青年出岛求学热潮中，琼崖青年知识分子在广州、上海、北京和南洋等地相继创建的各种革命组织和团体相对规模都较小，力量相对比较分散。为了适应革命形势发展的需要，加强琼崖革命力量，把各地的革命团体组织起来，1925 年 4 月在中国共产党的指导下，由广州的新琼崖评论社与上海的琼崖新青年社、北京的琼岛魂社等琼籍革命团体发起，在广州创建了琼崖革命同志大同盟。琼崖革命同志大同盟选举王文明为执行委员会常务委员，王文明、杨善集、周士第、柯嘉予等人为执行委员会委员，负责同盟的工作。琼崖革命同志大同盟通过了《琼崖革命同志大同盟组织大纲》和《琼崖革命同志大同盟宣言》，明确提出琼崖革命同志大同盟的主要任务是："（一）联络革命团体，造成革命的伟大力量；（二）用革命伟大势力，打倒琼崖的军阀，及其所勾结的帝国主义；（三）建设国民政治，以全力谋琼崖压迫民众的利益，同时努力于全国全世界被压迫民众之解放。"[①]

包括新加坡、泰国等地琼崖华侨组织的革命团体在内的 20 多个革命团体相继参加琼崖革命同志大同盟。琼崖革命同志大同盟逐渐成为以琼崖青年知识分子为主的、聚集当时大多数琼崖革命力量的主要革命团体。正如周士第所说："这个'琼崖革命同志大同盟'，是由琼崖客观情形而产生出来的一个纯粹的革命团体；是集中琼崖革命力量的枢纽，是我们琼崖三百万民众由黑暗之中跑到光明大路必经的途径，和解放琼崖三百万民众痛苦的唯一工具。"[②] 以琼崖早期革命知识分子为主体的琼崖革命同志大同盟的成立，团结和整合了琼崖早期革命知识分子群体的力量，加速了琼崖早期革命知识分子群体的发展

---

① 《琼崖革命同志大同盟成立宣言》（1925 年 4 月 7 日）。中共海南省委党史研究室编：《琼崖大革命史料选编》，1994 年版，第 273—274 页。

② 周士第：《陈炯明失败与琼崖》（1925 年 5 月 1 日）。中共海南省委党史研究室编：《琼崖大革命史料选编》，1994 年版，第 303 页。

壮大，极大地推动了琼崖国民革命的发展。

1926 年 1 月，广东革命政府在中国共产党的支持下，派国民革命军第四军两个师渡海征讨长期盘踞琼崖的反动军阀邓本殷，结束了邓本殷在琼崖的军阀统治，光复了琼崖。琼崖光复后，国民党琼崖特别委员会在海口建立，中共党员、国民革命第四军党代表罗汉任主任委员，王文明、陈三华（女）、黎竞民等 7 人任执行委员，其中大部分是中共党员和国民党左派人士。中共党员、第十二师党代表兼政治部主任王文明任中国国民党广东省党务委员会特派员，负责国民党琼崖特别委员会指导部工作。随着琼崖国民革命运动的迅速发展，以琼崖早期革命知识分子为主体的琼崖革命同志大同盟成员 200 多人，分批随南征的国民革命军回到琼崖开展革命工作，琼崖革命统一战线形成。

琼崖革命同志大同盟的许多成员是共产党员、共青团员或革命进步人士，他们到琼崖各地后，抓住有利时机，积极参与国民党各级党部的筹建工作，以国民党的名义积极发动和组织工、农、青、妇等各方面的群众运动，积极推动国民革命运动向前发展。琼崖早期革命知识分子群体的许多成员，在成立国民党琼崖特别委员会、海口市和各县党部的过程中，按照中国共产党第三次全国代表大会关于"共产党员以个人资格加入国民党"，"同时保持共产党在组织上、政治上的独立"的决定，积极参加琼崖国民党各级党部工作并担任了重要领导职务。从琼崖各市县国民党党部人员组成情况来看，党部委员以中共党员为核心的琼崖早期革命知识分子与国民党左派人士占多数。例如，海口市国民党党部秘书长柯嘉予、宣传部部长林平、青年部部长朱润川、工人部部长吴清坤等人均为共产党员；琼崖国民党各县党部中都有共产党员担任要职，国民革命军中的军、师、团的党代表和政治部主任也都由共产党员或国民党左派担任；琼崖国民党唯一的宣传工具《琼崖日报》也是由中共党员罗文淹等负责主办。

在中国共产党的领导下，琼崖早期革命知识分子利用琼崖革命统一战线的有利形势，积极发动和组织起各种群众革命团体。1926 年 2

月，琼崖总工会在海口恢复，广东省农民协会琼崖办事处在海口成立，冯平任主任。此后，琼崖不少地方开始建立了县农民协会办事处或筹备办事处。到 1926 年夏，琼崖的农会达到 300 多个，会员达到 40000 人，农军发展到 1000 余人。[①] 在琼崖早期革命知识分子的推动下，琼崖工农运动、青年学生运动、妇女运动迅速发展，扩大了中国共产党在琼崖的社会影响，为琼崖国民革命运动高潮的到来创造了良好条件。

1926 年 2 月，在罗汉、王文明等琼崖早期革命知识分子的发起下，中共琼崖特别支部在海口成立，罗汉任特别支部书记，王文明、冯平、李爱春、何毅、符向一、柯嘉予等任委员。中共琼崖特别支部成立后，进一步深入宣传马克思主义理论，积极承担起指导全琼革命工作和组建各县基层党组织的任务，在工人和青年学生中发展了一批党员，开展了一系列卓有成效的工作。至 1926 年 6 月，全琼除感恩县和昌江县外，有 12 个市、县都相继成立了基层党、团组织。中共琼崖特别支部的成立，壮大了琼崖早期革命知识分子群体的力量，初步打开了琼崖革命工作的新局面，为建立中共琼崖地方党组织创造了有利的时机和条件。

1926 年 6 月，中国共产党琼崖第一次代表大会在海口举行，王文明、罗文淹、冯平、许侠夫、周逸、何德裕、李爱春、黄昌炜、陈三华（女）、陈垂斌、罗汉等十多名琼崖早期革命知识分子代表当时琼崖各地的 240 多名党员参加会议，中共广东区委特派员杨善集对会议给予了指导。大会选举王文明为中国共产党琼崖地方委员会书记，罗汉、许侠夫、陈垂斌、黄昌炜、罗文淹、柯嘉予、冯平、何德裕、陈三华、李爱春等人为委员，王文明兼农民部部长（后由周逸接任）；陈垂斌任组织部部长，黄昌炜为组织部副部长；许侠夫任宣传部部长；冯平任军事部部长，柯嘉予为军事部副部长；罗文淹任青年部部

---

① 参见王文明《琼崖特别委员会工作概况》（1926 年 8 月）。中共海南省委党史研究室编：《琼崖大革命史料选编》，1994 年版，第 464 页。

长；罗汉任国民党工作部部长；陈三华任妇女部部长。中共琼崖第一次代表大会的召开和中共琼崖地方委员会的成立，在琼崖革命史上具有划时代的意义，从此，琼崖革命有了坚强的地方领导核心，给灾难深重的琼崖人民带来了光明和希望。

以中共琼崖第一次代表大会召开为标志，杨善集、王文明等琼崖早期革命知识分子，经过五四运动的洗礼、出岛求学的艰辛探索、创建琼崖地方党组织的积极努力，在进行革命理论宣传和从事革命活动的实践锻炼中，成长为领导琼崖革命的骨干和精英。琼崖早期革命知识分子群体逐渐走向成熟，承担起了领导琼崖革命的历史重任。

二、琼崖早期革命知识分子群体的特征

在琼崖革命历史进程中，作为"琼崖民众里头先知先觉的分子"和琼崖革命的"伐木开山的先锋"的琼崖早期革命知识分子群体，是在近代琼崖特定的社会历史条件下和海南岛这一特殊的地理环境中产生和形成的。这一群体有着极其鲜明的群体特征，主要体现在以下几个方面。

（一）具有坚定的理想信念

琼崖早期革命知识分子群体几乎都是由具有坚定理想信念的青年学生和青年教师组成。

在 20 世纪初日益激化的社会矛盾面前，青年知识分子感觉敏锐，首当其冲。"在中国的民主革命运动中，知识分子是首先觉悟的成分"。[①]

正如琼崖早期革命知识分子洪剑雄所说："没有学生加与运动，是绝不会成功的，为什么呢？向为目下琼崖能够做宣传者的，大概只

---

① 《毛泽东选集》第 2 卷，人民出版社 1991 年版，第 559 页。

有学生。"① 琼崖早期革命知识分子群体大多来自琼崖中下阶层，生活环境和经历使他们十分了解琼崖劳苦大众的艰辛和疾苦，因而更具有改造琼崖的强烈革命愿望。

从琼崖早期革命知识分子群体成员年龄来看，这一群体成员基本出生于 19 世纪 90 年代到 20 世纪初，几乎都是青年知识分子，在琼崖革命早期他们大多都是恰好二三十岁。从 1926 年参加中共琼崖一大的中共广东区委特派员杨善集和 13 位代表的年龄来看，除中共琼崖一大当选为妇女部部长的陈三华（女）因资料缺乏出生时间没有记载外，其余的均在 32 岁以下，平均年龄为 26 岁。其中 30 岁以上的只有两位，年龄最大的王文明 32 岁，柯嘉予 30 岁，其余 11 位都是 20 岁左右，罗汉 29 岁，冯平 27 岁，杨善集和陈垂斌均为 26 岁，最年轻的罗文淹仅 22 岁，20 岁左右的占总人数的比重达到 84.6%。琼崖早期革命知识分子群体是一个极其年轻的知识分子群体。

从琼崖早期革命知识分子群体成员身份和从事的职业来看，在 1919 年至 1926 年前后，除王大鹏担任过五年的琼东县县长、徐成章担任过嘉积警察局局长等外，这一群体成员大多数都曾经是青年学生和青年教员（王大鹏和徐成章也曾经是青年学生），也有一些群体成员同时也办过报刊和当过军人。例如，杨善集先后是琼崖中学学生、琼东县立第一高等小学校长、广东工程学校学生、苏联东方大学学生等，王文明先后是琼崖中学学生、小学校长、嘉积农工职业学校教务主任、上海大学学生等，徐成章先后是云南陆军讲武堂学生、黄埔军校教官，冯平先后是琼崖中学学生、上海文化大学学生、苏联东方大学学生等，罗汉先后是琼崖中学和琼海中学教员、嘉积农工职业学校校长等，冯白驹先后是琼山中学学生、上海大夏大学学生等。

从琼崖早期革命知识分子群体成员政治履历来看，这一群体成员大多数是五四运动以后完成了世界观、人生观、价值观的转变，树立了马克思主义的坚定理想信念，相继成为中国共产党党员。杨善集在

---

① 陈永阶编：《琼崖革命先驱者文集》，琼岛星火编辑部 1985 年版，第 22 页。

1926 年的《革命杂话》一文中曾回忆自己革命世界观、人生观形成时说，"我十五岁以前没有什么思想可述"，"民八（年）'五四'运动！我便如蛰虫惊雷，由颓靡不振的生活当中改头换面地出来做五四运动的战士"，"驻俄年余，四方游览，此时才将革命的人生观巩固起来；善集已非仅是琼崖的青年而已自居为现代的青年了"。[①] 冯白驹也正是在这一时期就树立了共产主义的远大理想。1925 年，冯白驹到上海大夏大学求学，亲历了如火如荼的"五卅"工人运动，比较早地受到马列主义的熏陶，使他的思想发生了重大转折。他曾在自传中写道："我决心回家乡参加革命去，这表示了我思想指（倾）向革命，开始了我革命的生活，这是我个人生活史上新的一页。"[②] 1926年，23 岁的冯白驹加入了中国共产党，开始了他传奇的革命生涯。从此，无论遇到怎样的艰难困苦，受到多少委屈和磨难，他坚定的理想信念、逆境中奋进的顽强精神从来也没有改变过。

在琼崖革命历史进程中，如同杨善集和冯白驹一样，琼崖早期革命知识分子群体大多数成员在树立马克思主义的理想信念后，无论遇到怎样的艰难困苦从来也没有动摇过。从 1926 年参加中共琼崖一大的中共广东区委特派员杨善集和 13 位代表来看，海南新中国成立前去世的 12 个委员中，在战斗中牺牲的 6 人，被敌人逮捕英勇就义的 3 人，长期积劳成疾英年早逝的 3 人，牺牲时大多数只有二三十岁。活到海南解放的只有柯嘉予和罗文淹两人，但都由于当时历史环境和条件复杂长期与党组织失去联系而脱党，新中国成立后，柯嘉予在南京银行部门工作，1977 年病逝于上海；罗文淹在新中国成立后任文西中学校长、海口市图书馆馆员，1961 年病逝于海口。参加中共琼崖一大的代表没有一人叛变投敌。

正是因为具有坚定理想信念的青年学生和青年教员是琼崖早期革

---

① 杨善集：《革命杂话》（1926 年 8 月 18 日）。中共海南省委党史研究室编：《琼崖大革命史料选编》，1994 年版，第 468—469 页。

② 中共海南区党委党史办公室编：《冯白驹研究史料》，广东人民出版社 1988 年版，第 328 页。

命知识分子群体的主体，才使琼崖早期革命知识分子群体成为当时琼崖社会群体中思想最活跃、最富有朝气、最具有强烈革命愿望的一个社会群体，成为琼崖早期传播马克思主义革命理论和从事革命活动中的中坚力量。

（二）具有较高的马克思主义理论水平和较丰富的革命实践经验

琼崖早期革命知识分子群体成员所受的教育对这一群体成员的成长以及这一群体的形成和发展产生了很大影响。从一定程度上说，琼崖早期革命知识分子是在共同的革命理论教育基础上联合起来的。具有较高的马克思主义理论水平和较丰富的革命实践经验，重视革命理论学习、宣传与革命实践的结合，是琼崖早期革命知识分子群体的一个鲜明特征。

从琼崖早期革命知识分子群体成员所受教育来看，他们有较高的文化程度，甚至还有一些人有在法国、苏联、日本等国求学的经历。如吴明、鲁易、罗汉等早年曾在法国勤工俭学；杨善集、冯平、徐天柄、陈三华等曾被党组织选派到苏联留学，受过比较系统的马克思主义理论教育；王大鹏等曾留学日本；徐成章、徐天柄、洪剑雄、周士第等曾在黄埔军校任教或学习；柯嘉予、李爱春等曾在北京读大学；王文明、冯平、陈垂斌、王器民、冯白驹等在上海读大学；洪剑雄、冯平等在广州读大学。正是由于琼崖早期革命知识分子群体成员接受过较高程度的教育，比较系统地学习了新文化、新思想，使他们较早地接触、较好掌握了马克思主义理论，成为当时琼崖先进分子的精英。

琼崖早期革命知识分子群体成员大多接受过较好的教育，有着较高的马克思主义理论水平。琼崖早期革命知识分子群体成员大多数办过进步报刊，撰写和发表了大量革命理论文章，显示出了较为深厚的马克思主义理论功底。如洪剑雄的《国民党改组与琼崖革命运动》、《我们怎样去干琼崖革命?》、《"五一"劳动节敬告琼崖农民》等文，徐成章的《敬告琼崖同志》、《十余年来琼崖革命运动的回顾及今后应取的方针》等文，周士第的《琼崖的"压迫阶级"与"被压迫阶级"》，杨善集的《广东青年目前应有的新文化大运动》、《谈谈乡村青年运动》、《再谈谈乡村青年运动》等文均具有较高的理论水平。

琼崖早期革命知识分子群体非常重视革命理论学习、宣传与革命实践的结合，有着较丰富的革命实践经验。该群体不仅重视马克思主义理论的学习研究和宣传，更重视用马克思主义理论来解决当时琼崖社会最迫切的社会问题，号召有觉悟的革命青年，"奋作革命的先锋，共图琼崖的解放"①，以实现"造成庄严灿烂的中华民族独立的新国家，尤其是解放目下受压迫最厉害的琼崖人民"。②

琼崖早期革命知识分子群体一开始就不仅仅是把马克思主义作为单纯的知识和学术来学习研究，而是把它作为观察琼崖社会和国家命运、改造琼崖的工具加以接受的。正如 1924 年 2 月 1 日杨善集在《再讨论品学与政治——答陈骏业君》中所说，"我们并不是闭户潜修的研究，并不是隐居山谷的修养道学；并不是理乱不知，�涉不闻的处士"，"应当跑入工人、农民、商人、官吏、兵士里头去，使他们联合起来，觉悟起来，一齐做民众的革命运动；决不可自划鸿沟，自立为'优秀分子'的特殊阶级"。③ 因此，琼崖早期革命知识分子群体重视学习研究马克思主义理论的同时，更加重视以马克思主义理论为指导，分析解决琼崖的社会问题，撰写革命理论文章、发表演说，组织革命团体，创办革命刊物，广泛宣传马克思主义理论，在研究和宣传马克思主义的同时完成了对自己世界观的改造，积极投身到改造琼崖的革命实践中，切实做到了革命理论学习、宣传与革命实践的有机结合。

琼崖早期革命知识分子群体参加过一系列革命活动。这一群体深受辛亥革命、五四运动、国民革命等影响，同革命实践结合、同群众

① 陈永阶编：《琼崖革命先驱者文集》，琼岛星火编辑部 1985 年版，第 90 页。
② 同上书，第 60 页。
③ 同上书，第 18—19 页。

结合，其大多数成员在参加五四运动、国民革命运动等反帝、反封建、反军阀斗争中经受了锻炼。如，杨善集参与领导了琼崖五四爱国学生运动，主持过《新琼崖评论》的出版发行工作，作为共青团广州地委书记、广东区委书记领导过广东区青年运动，成为广东有名的青年运动领袖；徐成章早年参加过孙中山领导的革命活动、陈侠农领导的琼崖讨袁斗争，创办过《琼崖旬报》，作为"建国陆海军大元帅府铁甲车队"队长率军支援过农民运动，作为省港罢工工人纠察队的领导人参与了省港罢工，等等。

正是由于琼崖早期革命知识分子群体不仅有较高的马克思主义理论水平，同时还有着较丰富的革命实践经验，非常重视革命理论学习、宣传与革命实践的结合，从而使琼崖早期革命知识分子群体成长为琼崖革命的先锋和推进马克思主义本土化的中坚力量，这也是以后琼崖地方党组织领导琼崖人民能够坚持长期艰苦的孤岛斗争的重要原因。

（三）具有"救亡图存"的雄心壮志和"改造琼崖"的远大志向

自古以来，中国知识分子就有"以天下为己任"、"先天下之忧而忧，后天下之乐而乐"的忧患意识和责任感。20 世纪初，随着中国民族危机的空前加剧和社会矛盾的日益激化，中国知识分子的忧患意识更加突出。面对灾难深重的琼崖人民和军阀"暴恶政治"统治的琼崖社会，琼崖早期革命知识分子无不怀有强烈的忧国忧民的心情，"救亡图存"、"改造琼崖"的责任感更加强烈。

近代以来，琼崖长期处于"军阀压迫，外资榨取，土匪抢劫，天灾流行，痞绅鱼肉，种种恶劣环境的当中"①，黑暗的军阀"暴恶政治"统治，导致琼崖各地恶霸土匪横行，农商荒废，民不聊生。琼崖早期革命知识分子群体对琼崖人民有着深厚的感情，对军阀和帝国主

---

① 陈永阶编：《琼崖革命先驱者文集》，琼岛星火编辑部 1985 年版，第 67 页。

义压迫有着切齿的痛恨，胸怀"改造琼崖"、"救亡图存"的远大志向和强烈责任感。为了解放受压迫深重的琼崖人民，琼崖早期革命知识分子群体担当起了琼崖革命的先锋。从1919年到1926年，琼崖早期革命知识分子群体在工农群众中大力进行新文化、新思想的宣传，创办革命报刊，撰写和发表了大量革命理论文章。琼崖早期革命知识分子徐成章、罗汉、鲁易、王器民等积极创办革命刊物，介绍社会主义学说，唤起琼崖民众的觉悟。1924年1月，洪剑雄在《国民党改组与琼崖革命运动》一文中号召琼崖知识分子"要抱定革命的主义，平日息息不断地努力，使群众一言一行，都受我们的感化，齐呼出我们革命的主张"。[①] 1924年5月，徐成章在《新琼崖评论》第十期发表《敬告琼崖同志》一文，提出："我以为当这个艰难困苦的时候，我们是应当拿出我们坚忍沉毅的全副精神，作伐木开山的先锋，除去这道途上一切的障碍物，造成平坦康庄的大道，为民众立永久的幸福，为社会留永久的纪念，这才是我们同志的责任，这才是我们革命党的精神。"[②] 从琼崖早期革命知识分子群体撰写和发表的大量革命理论文章中，可以看出这一群体胸怀救亡图存、改造琼崖的远大志向，饱含爱祖国、爱人民的深厚感情。

从琼崖早期革命知识分子群体的家庭出身来看，大多都出身于琼崖社会中下层和贫苦农民家庭，与广大人民、尤其是农民有着密切的联系和深厚的感情，深知琼崖广大人民的疾苦和生活的艰难，在思想感情上对琼崖工农群众有着较高认同。如杨善集出生于晚清一个穷秀才家庭，王文明出生于海南乐会农民家庭，徐成章出生于海南琼山农民家庭，冯平出生于海南文昌贫农家庭，等等。尤其是琼崖早期革命知识分子群体在积极宣传马克思主义理论和从事革命活动的实践中，积极与工农相结合，加速了琼崖早期革命知识分子群体的转变和成长。冯白驹在《我的自传》中回忆他在1926年领导海口农民运动时，

---

①　陈永阶编：《琼崖革命先驱者文集》，琼岛星火编辑部1985年版，第10页。

②　徐成章：《敬告琼崖同志》（1924年5月16日）。中共海南省委党史研究室编：《琼崖大革命史料选编》，1994年版，第148页。

提到他"到农民中去，和他们一起，经过持续的艰苦的宣传教育工作，已逐步地把全部郊区的农民组织起来"，并发动农民进行了不少次反对地霸的斗争。通过这些斗争，"不仅鼓舞了广大农民的斗争情绪，教育了他们"，而且冯白驹自己在斗争中受到很大教育，"由于经常和农民生活在一起，加深了我对于农民的阶级感情，和广大人民发生了阶级友爱的关系，这和往后依靠人民支持长期艰苦的孤岛斗争，对我来说，是有一定关系的"。① 1949 年 6 月香港《群众》第 25 期刊登的《记冯白驹将军》一文在分析冯白驹成功的主要条件时认为："白驹同志是生长在农村，在农民群众中长大的，他具备了农民诚实朴素的特质，和刻苦耐劳的精神……他创造了历史事业的伟大成就，主要不是靠书本，而是靠长期参加实际斗争中的吸取经验，他的机智与警觉，多半是从无数次惨痛经验中提炼出来的。"②

政治学者邹谠指出：共产党的知识分子"和社会最下层的阶级——尤其是农民阶级——建立了一种血肉相连的关系，这就等于把几千年来在政治领域里无足轻重的阶级拉到政治领域中来，并使之成为一种重要的力量。这是中国社会自秦汉以来最重要的变化，它完全改变了政治运动和政治参与的格式，并且最后导致了国民党的失败和共产党的成功"。③ 正是由于琼崖早期革命知识分子群体胸怀改造琼崖、救亡图存的远大志向，与广大人民，尤其是广大农民有着密切的联系和深厚的情感，才使琼崖早期革命知识分子群体赢得了琼崖人民的高度支持和信任，他们进行的马克思主义理论宣传和革命活动才对琼崖工农群众产生较大的感召力和影响力，才把琼崖革命的火种播种在琼崖群众的心中，从而激发和唤起其革命的自觉性，推动琼崖革命运动不断向前发展。

---

① 中共海南区党委党史办公室编：《冯白驹研究史料》，广东人民出版社 1988 年版，第329—330 页。

② 同上书，第 538 页。

③ ［美］邹谠：《二十世纪中国政治与中国知识分子》，《二十世纪中国政治》，牛津大学出版社 1994 年版，第 58 页。

从琼崖早期革命知识分子群体的内部结构来看，由于地域分布、教育和职业背景等诸多结构因素的影响，存在着较紧密的关系脉络。群体成员之间大量存在着同乡关系、同学关系、同事关系、师生关系和亲属关系等，尤其是同乡关系、同学关系、同事关系成为最突出的关系脉络。

同乡关系。琼崖早期革命知识分子群体中，除了湖南的吴明、罗汉和江西的鲁易等来自大陆外，基本都是土生土长的海南人，而且其中大多数几乎又主要来自海南的琼海、琼山和文昌三地。如杨善集、王文明、周士第、王器民、王大鹏等来自海南琼海，徐成章、徐天柄、冯白驹、李爱春、何德裕、陈德华等来自海南琼山，冯平、罗文淹、周逸、陈三华等来自海南文昌。徐成章和徐天柄不仅都是琼山演丰昌城村人，而且还是堂兄弟关系，早年都加入了励志社和琼崖同盟会。

同学关系。王文明、杨善集、冯平、周士第等曾同在琼崖中学读书并共同领导参与了琼崖五四运动；陈垂斌、罗文淹等同在府城华美中学读书；洪剑雄、周士第、严凤仪等是黄埔军校一期同学；洪剑雄、徐天柄、雷永拴等曾在广州农民运动讲习所学习；杨善集、冯平等都曾在苏联莫斯科东方大学留学。

同事关系。1920年徐成章、冯平、王器民、罗汉、鲁易等在海口共同创办《琼崖旬报》，大力宣传革命理论；杨善集、徐成章、周士第、严凤仪、洪剑雄、徐天柄等先后在广州创办了《觉觉》、《新琼崖评论》等革命刊物；1922年王大鹏、王文明、罗汉等在琼东创办琼崖第一所农工学校——嘉积农工职业学校（后改为琼崖仲恺农工学校），王大鹏担任董事长，罗汉担任校长，王文明担任教务主任，陈公培、鲁易、罗汉、李实等均为学生上课，这所学校为琼崖革命培养了大批优秀干部。

不少琼崖早期革命知识分子就是由于深受同乡、同学、同事的影响，完成了思想转变和走上革命道路的。冯白驹在《我的自传》中回忆学生时代时深有感触地说："在高小时期，曾经听过徐成章的宣传，他是共产党员，给我启蒙不少。同校中也有不少同学同样受了影响。因此，我们几个思想比较接近的同学，就在思想与精神上结成志同道合的知心学友……我们这几个知心的学友，在大革命时均先后加入共产党。"① 冯白驹的革命引路人李爱春就是冯白驹读高小时的好友，1926 年初冯白驹由上海回到家乡后，就是在李爱春的介绍和影响下，"以洁白的学生身份踏上了革命征途，开始了我革命的生涯"。②

　　从琼崖早期革命知识分子群体撰写和发表的文章，以及从事的相关革命活动来看，重视琼崖早期知识分子群体的团结和组织创建是这一群体的一个显著特征。琼崖早期革命知识分子洪剑雄早在 1924 年 1 月《新琼崖评论》第一期《国民党改组与琼崖革命运动》一文中就提出："中国目前最急切和最需要的，就是一个：有主义的、有组织的、有纪律的群众革命团体，领导一班有革命精神的群众去努力革命的工作，以解除被压迫者一切的痛苦。"③ 1924 年 5 月徐成章在《新琼崖评论》第十期发表的《敬告琼崖同志》一文，强调革命者应以："其坚忍强毅的性格，尤其引起民众热烈的同情，亦可以表现自己重要地位；同时又能尊崇群性，牺牲个性，集合许多个性造成一个群性——党。换言之，就是集合各个党员的自由力量，做党的自由发展，这样才能使民众认识明白，这样才能把民族精神合拢起来，这样才能有伟大力量来打倒两种的压迫——军阀和帝国主义——造成庄严灿烂的中华民族独立的新国家，尤其是解放目下受压迫最厉害的琼崖人民。"④ 1926 年许侠夫在《现代青年》第八、九期合刊的《怎样做一个革命青年》中，指出群体的团结和组织创建的重要性："革命工作的要素，是要力量集中与组织统一；革命团体是集中力量和统一组

---

① 中共海南区党委党史办公室编：《冯白驹研究史料》，广东人民出版社 1988 年版，第 327 页。

② 同上书，第 329 页。

③ 陈永阶编：《琼崖革命先驱者文集》，琼岛星火编辑部 1985 年版，第 8 页。

④ 同上书，第 60 页。

织机关，革命团体的力量，为革命成功的唯一保障。"① 可以看出，琼崖早期革命知识分子群体对群体的团结和组织创建的重要性有着非常清醒的认识，在理论上进行过多次论述。

琼崖早期革命知识分子群体在积极进行革命理论宣传和从事革命活动的实践中，十分重视群体的团结和组织创建。早在五四运动前，同在琼崖中学读书的杨善集、王文明等志向相投的挚友，共同建立了青年观摩会，共同探讨救国救民和"改造琼崖"的道路。五四运动时，王文明、杨善集、洪剑雄、陈垂斌、王器民、周士第等以琼崖中学为中心，成立了琼崖十三属学生联合会，共同领导琼崖学生爱国运动，初步形成了以杨善集、王文明等为核心的琼崖早期革命知识分子群体。1921 年年底到 1922 年年初，中共早期党员吴明，共青团员罗汉、鲁易、李实等来琼后，同琼崖的毛孟屏、徐成章、徐天柄、王器民、王大鹏等人在海口创建了琼崖社会主义青年团组织。在 20 世纪 20 年代初海南学子出岛求学热潮中，琼崖早期革命知识分子在岛外各地团结组织琼崖进步青年知识分子，建立了海外品学观摩会、琼崖少年同志会、琼崖青年社、琼岛魂社等革命团体，积极开展各种革命活动。

1925 年 4 月，琼崖早期革命知识分子群体在广州创建了琼崖革命同志大同盟，成为以琼崖青年知识分子为主的、聚集当时琼崖革命力量的主要革命团体。1926 年 2 月，罗汉、王文明等在海口成立了中共琼崖特别支部。1926 年 6 月，王文明、罗文淹、冯平、许侠夫等在海口成立了中共琼崖地方委员会。

琼崖早期革命知识分子群体内部结构上存在较紧密的关系脉络，以及重视群体的团结和组织创建的显著特征，使琼崖早期革命知识分子之间的联系、沟通和合作更加容易，使琼崖早期革命知识分子之间的相互影响加深，对琼崖早期革命知识分子群体的形成发展，对琼崖

---

① 许侠夫：《怎样做一个革命青年》（1926 年 10 月）。中共海南省委党史研究室编：《琼崖大革命史料选编》，1994 年版，第 475 页。

早期革命知识分子的思想转变和成长，对琼崖地方党组织的发展壮大等都产生了较大影响。在以后孤岛奋战的琼崖革命历史进程中，中共琼崖党组织非常重视党的组织建设和革命队伍的团结，这是琼崖早期革命知识分子群体这一特点的继承和发展。

（四）具有"五湖四海"的团结精神和"海纳百川"的胸怀气魄

琼崖早期革命知识分子群体主要形成于远离大陆、孤悬海外、交通不便的琼崖，虽然身处孤岛却从琼崖革命一开始就超越了"孤岛意识"和"孤岛思维"，视野广阔，具有"五湖四海"的团结精神和"海纳百川"的胸怀气魄。

第一，琼崖早期革命知识分子群体继承了海南人"大度有容，开朗放达"的传统个性。琼崖长期的历史文化发展和特殊的自然地理环境塑造了海南人"大度有容，开朗放达"的个性和心理，海南人不排外，不小气，容纳百川，心底坦荡。自从魏晋以来，大量大陆移民来到琼崖安家生息，海南岛以博大的胸怀接纳了来自大陆各地操各种方言的汉族、黎族、苗族等民族，甚至还有来自中东的"番人"等各种不同地域、不同文化、不同民族的移民。他们在琼崖这块土地上相互融合，在琼崖特殊的自然地理环境等因素的影响下，形成了琼崖人具有"五湖四海""海纳百川"的胸怀气魄的鲜明特征。这一特征在琼崖早期革命知识分子群体身上得到了更突出的体现。

第二，岛外岛内青年革命知识分子的有机结合和相互影响，是琼崖早期革命知识分子群体具有广阔的视野和"五湖四海""海纳百川"的胸怀气魄的重要原因。从琼崖早期革命知识分子群体的来源看，除了大多数土生土长的琼崖籍青年知识分子外，还有一批来自海南岛外的青年知识分子，如陈公培来自湖南长沙；鲁易生于江西黎川，幼年随父在湖南常德；罗汉来自湖南浏阳。在1919年到1926年期间，这些来自岛外的青年知识分子，成为当时琼崖最早的一批中共党员和共青团员，与岛内土生土长的琼崖籍青年知识分子结合在一起，积极在琼崖宣传革命理论和从事革命活动，共同促进了琼崖早期革命知识分子群体的形成和发展，推动了琼崖革命的历史进程。

第三，琼崖早期革命知识分子群体不少成员早年海外求学、从事革命工作或谋生等经历，是琼崖早期革命知识分子群体具有广阔的视野和"五湖四海""海纳百川"的胸怀气魄的又一重要原因。从琼崖早期革命知识分子群体的经历看，不少琼崖早期革命知识分子都有着早年留法、留苏、留日等国外留学经历或南阳谋生求学等经历。如，陈公培、鲁易、罗汉等曾留法勤工俭学；杨善集、冯平、徐天柄、陈三华等曾由党组织选派赴苏联留学；鲁易、王大鹏等曾留学日本；王文明、罗汉等为创建嘉积农工职业学校曾到南洋发动琼侨捐款；黄昌炜、王绰余等受党组织派遣赴英属马来亚（今新加坡一带）开展建党工作和工人运动；王器民、许侠夫等早年曾到马来亚谋生。这些海外求学、从事革命工作或谋生等经历，使琼崖早期革命知识分子群体能够在很大程度上突破、超越"孤岛意识"和"孤岛思维"的束缚。

第四，20世纪20年代初海南学子出岛求学热潮，使琼崖早期革命知识分子群体进一步开阔了视野。五四运动后，琼崖出现了大量进步青年知识分子出岛求学的热潮。在出岛求学热潮中，分布在广州、上海、北京和南洋等地出岛求学的琼崖青年知识分子多达数千人，他们如饥似渴地学习新文化、新思想，建立革命团体，创办各种革命刊物，积极开展和参加各种革命活动。在出岛求学热潮中，经过在各地学习、宣传马克思主义理论和从事革命活动的实践锻炼，使琼崖早期革命知识分子极大提高了马克思主义理论水平，增强了群体成员之间的交流与团结，强化了琼崖早期革命知识分子群体"五湖四海""海纳百川"的胸怀气魄。

综上所述，正是由于琼崖早期革命知识分子群体具有坚定的理想信念，具有较高的马克思主义理论水平和较丰富的革命实践经验，具有胸怀"救亡图存"、"改造琼崖"的远大志向，饱含爱祖国、爱人民的深厚感情，具有广阔的视野和"五湖四海""海纳百川"的胸怀气魄等显著群体特征，才使这一群体成为当时琼崖先进分子的精英和杰出代表。

三、琼崖早期革命知识分子群体对马克思主义中国化的初步探索

在某种程度上可以说，一部中国共产党的历史就是一部马克思主义基本原理与中国具体实际相结合的历史，也是一部在实践中不断推进马克思主义中国化的历史。同样，琼崖革命史也是一部马克思主义基本原理与琼崖革命具体实际相结合的历史，是一部党在琼崖这一特殊的地理环境下领导琼崖人民在琼崖革命的实践中推进马克思主义中国化的历史。

列宁指出："知识分子比较能够反映广大的小资产阶级和农民的利益。……能够给小资产者和农民的极广大阶层提供他们恰恰缺少的东西：知识、纲领、领导、组织。"[①] 琼崖早期革命知识分子群体主体是具有坚定理想信念的青年学生和青年教员，他们十分重视革命理论学习、宣传与革命实践的结合，是当时推动琼崖马克思主义中国化、大众化的主力军。

从1919年到1926年，琼崖早期革命知识分子群体是在海南岛上将马克思主义基本原理与琼崖具体实际相结合的实践和认识主体，其马克思主义世界观的形成对在海南推动马克思主义中国化影响深远。琼崖早期革命知识分子群体在从事马克思主义理论宣传和革命活动中，为马克思主义中国化做出了积极的可贵探索。琼崖早期革命知识分子群体对于马克思主义中国化的积极探索，主要是通过实践和理论两个层面来进行的。

从理论层面来看，琼崖早期革命知识分子群体一方面积极学习、研究和宣传马克思主义和革命理论，较早提出反对教条主义，为马克思主义中国化的探索做出了积极的理论贡献；另一方面与改良主义和

---

① 《列宁全集》第11卷，人民出版社1987年版，第191页。

无政府主义思潮等反马克思主义思潮展开论战，捍卫了马克思主义中国化的科学立场，为琼崖马克思主义中国化扫清了思想障碍。

其一，从1919年到1926年，琼崖早期革命知识分子群体撰写和发表了大量革命理论文章，为马克思主义中国化的探索做出了积极的理论贡献。尤其是杨善集在《少年先锋》上发表的《寄旅俄革命同志的一封信——为列宁纪念日而作》一文，更是体现了以杨善集等为代表的琼崖早期革命知识分子群体的马克思主义理论水平。杨善集在该文中十分精辟地提出："真正的马列主义，不单单是在莫斯科，在苏俄。……世界上处处都布满了列宁主义的种子"，"十月革命的经验，是很宝贵的，但，不过是一些重要的原则，至于应用的方法和策略，非就得去找不可！很呆板地搬来中国用，是一个笨子，不是一个列宁主义者！真正的列宁主义者，要能在革命运动中去找经验，去找到不背原则的革命经验"，"要在实际工作中去学习列宁主义。只有这样，才能学到真正的列宁主义"。[1]

可以看出，在这里杨善集已经较早明确提出了要注意防止把马列主义理论"呆板地搬来中国用"的教条主义错误，强调要从中国革命的实践中寻找革命经验和革命道路的思想。杨善集主张从中国革命的实践中寻找中国革命的道路，这一富有远见的思想体现了中国共产党实事求是和理论联系实际的马克思主义原则。值得注意的是，当杨善集提出这些观点时，中国共产党尚处于幼年时期，全党理论水平仍较低，甚至在20世纪20年代后期到30年代中期，在中国共产党内还盛行着把马列主义教条化、把共产国际决议和苏联经验神圣化的严重倾向。因此，杨善集在当时提出这些真知灼见是极其难能可贵的，其重要性被琼崖革命乃至于整个中国革命的历史所反复证明。

其二，琼崖早期革命知识分子群体深刻批判了当时的改良主义和无政府主义思潮等反马克思主义思潮，为琼崖马克思主义中国化肃清了改良主义、无政府主义思想的消极影响。在宣传马克思主义

---

[1] 陈永阶编：《琼崖革命先驱者文集》，琼岛星火编辑部1985年版，第169—170页。

的过程中，杨善集等琼崖早期革命知识分子曾经和主张埋头读书不问政治的陈俊业等进行过一场针锋相对的论战。受改良主义、无政府主义的影响，当时有些琼崖青年知识分子主张有品学的人"应储蓄个人品学"，"站在现在政治局面之外"，"免得卷入旋涡"，鼓吹闭门读书，反对进行革命斗争，形成了一股很有影响的反马克思主义思潮，造成了一些琼崖青年学生思想认识发生混乱。针对这种现象，杨善集等琼崖早期革命知识分子在《觉觉》杂志和《新琼崖评论》等刊物上，先后发表了《品学与政治》、《再讨论品学与政治——答陈俊业君》、《再同陈俊业君讨论品学与政治》等文章，深刻批判脱离政治和现实而空谈品学修养的错误倾向，划清了马克思主义和反马克思主义思潮的界限，在一定程度上肃清了反马克思主义思潮对琼崖知识青年的消极影响，大大促进了琼崖马克思主义的传播和马克思主义中国化的进程。

从实践层面来看，琼崖早期革命知识分子群体通过撰写革命文章、创办革命报刊、出版革命书籍、组织琼剧团等多种途径，结合琼崖实际，宣传马克思主义和革命理论，有力地推动了琼崖马克思主义的大众化，为马克思主义中国化在琼崖的推进奠定了基础。

1919 年到 1926 年，琼崖早期革命知识分子群体积极致力于推动革命理论在琼崖的传播，深入琼崖工农群众，大力宣传反对帝国主义、封建主义的主张，宣传新文化、新思想，唤起了琼崖劳苦大众的觉悟，播下琼崖革命的星星之火，用热血和生命拉开了琼崖新民主主义革命的序幕，促进了琼崖马克思主义大众化，奠定了琼崖人民群众投身革命洪流的思想基础。

首先，琼崖早期革命知识分子群体通过积极撰写革命文章、创办革命刊物和出版革命书籍等，深入宣传马克思主义革命理论。经过五四运动的洗礼，琼崖早期革命知识分子群体在学习研究马克思主义理论的同时，为了"启导广大人民的觉悟，准备革命力量的团结"①，

---

① 张闻天：《中国现代革命运动史》，中国人民大学出版社 1987 年版，第 133 页。

开始大量创办革命刊物和出版革命书籍等，大力宣传革命思想和革命文化。1920 年，徐成章、冯平、符节等在海口创办《新琼岛报》。1921 年，徐成章和王器民等在海口创办《琼崖旬报》。1923 年，许邦鸿、卢鸿兹等在嘉积创办《良心月刊》。1924 年，陈垂斌、黄昌炜、罗文淹和郭儒颧等创办《琼崖新青年》；莫孔融和柯嘉予等创办《琼岛魂》；在上海的琼籍学生创办《琼崖旅沪学会月刊》；在南京的琼籍学生创办《琼崖青年》；杨善集、洪剑雄等在广州创办《觉觉》、《新琼崖评论》等革命刊物。

琼崖国共合作时期，琼崖早期革命知识分子群体利用有利形势，创办了《琼崖民国日报》、《路灯》、《扫把》、《群众》、《现代青年》等报纸刊物；同时扩大发行《向导》、《中国青年》、《少年先锋》、《犁头》等革命刊物，组织刊印了《共产主义（ABC）》、《共产主义问答》、《马克思主义入门》、《人类社会进化史》、《唯物史观》、《新人生观》等图书，进一步深入宣传马克思主义。琼崖早期革命知识分子群体通过撰写大量关于探讨琼崖社会改造和号召琼崖人民革命的文章、创办革命刊物和出版革命书籍等，给琼崖人民提供了改造社会的科学理论和革命行动指南，在向琼崖青年和人民群众传播马克思主义和革命思想方面，发挥了非常重要的作用。

其次，琼崖早期革命知识分子群体深入工厂、农村，在琼崖人民群众中宣传马克思主义革命理论和科学文化知识。1921 年年底到1922 年年初，以琼崖早期革命知识分子群体为主体的琼崖社会主义青年团组织成立后，琼崖早期革命知识分子在青年学生和工人、农民群众中积极开展马克思主义革命理论的宣传活动，使马克思主义逐渐成为五四后琼崖新文化、新思想的主导力量。在琼崖中学任教的陈公培、罗汉，在广东省立第六师范学校任教的鲁易等琼崖早期革命知识分子，以学校为阵地，深入青年学生中，宣传马克思主义理论和革命思想；徐成章、鲁易等还在海口等地举办书报巡回阅览社，开办工人夜校，宣传马克思主义革命理论，帮助工人改组原有的海口工人互助社为新的琼崖总工会；王大鹏等在琼东县嘉积镇兴办新式学校，设立文化书局，传播新文化和新思想；李济川、李家光等在嘉积镇开办平民书店，大量经销马克思主义和革命书刊；琼崖社会主义青年团积极发动广大进步青年学生利用假期，深入工人、农民和琼崖群众中宣传革命理论和科学文化知识。徐成章、王器民等人还创办了琼崖友声书社、琼崖文化书局、琼崖土剧改良社，经常组织学生剧团到全琼各地演出《灭种婚姻》、《秋瑾殉国》、《爱国学生郭钦光》、《林格兰殉义》、《大义灭亲》、《破除旧礼教》、《新娘走年》、《蔡锷出京》等剧，利用琼剧这一群众喜闻乐见的形式，宣传革命文化和革命思想，收到了良好效果。

当然，由于从1919年到1926年琼崖早期革命知识分子群体对马克思主义中国化的探索还刚刚起步，在许多方面还不够成熟和完善，琼崖早期革命知识分子群体对马克思主义中国化还处在初步探索阶段。其对马克思主义中国化的贡献主要体现在琼崖马克思主义的宣传和推动马克思主义大众化方面。

尽管如此，如果把琼崖早期革命知识分子群体对马克思主义中国化的探索放在中国新民主主义革命和琼崖革命的整个历史进程来看，琼崖早期革命知识分子群体对马克思主义中国化不少方面做出了可贵探索。而这一探索也成为中国共产党领导的新民主主义革命时期马克思主义中国化极富特色的组成部分，它为整个琼崖革命进程中马克思主义中国化奠定了基础。

第二章　冯白驹领导地位的确立与马克思主义中国化

冯白驹作为琼崖早期革命知识分子群体成员，在琼崖革命斗争中逐渐脱颖而出，成为琼崖地方党组织的核心和琼崖人民军队主要领导人，树立了"琼崖人民的一面旗帜"。冯白驹领导地位的确立，对于在琼崖革命中推进马克思主义中国化，坚持琼崖革命"二十三年红旗不倒"，起到了极其重要的作用。

一、冯白驹领导地位的确立

（一）冯白驹的早期革命活动

冯白驹于 1903 年 6 月 7 日出生在广东省琼山县大山乡长泰村（今属海南省海口市）一个农民家庭。8 岁时冯白驹进入当地的私塾学习，学习传统启蒙读物、四书五经等经典著作。1916 年冯白驹进入云龙高等小学读书，主要学习中国传统文化及西方历史文化、科学知识，私塾教育与高小教育内容的强烈对比，使得冯白驹对封建传统教育和封建习俗不满情绪日益高涨，少年时代的冯白驹反叛意识逐渐萌生。冯白驹到云龙高等小学读书后，与李爱春、丁庆鸾等十几个志同道合的同学，组织起同志互助社。其宗旨是："不论将来读书或做事，都要互相帮助；对于做恶事的人，要坚决反对；对妇女住外家的旧习俗要革除（当时海南有些地方女子出嫁后，除过年过节外仍然返外家长住，一直到生下子女才准在夫家居住）。"① 随着新文化在琼崖的传播，冯白驹开始接触各种新思想。冯白驹回忆道："在高小时期，曾经听过徐成章的宣传，他是共产党员，给我启蒙不少。"②

五四运动后，冯白驹的思想与时代同行，逐渐走上了坚定的革命道路。其早期革命活动大体分为以下几个阶段。

1. 中学时期（1919—1924）

1919 年冯白驹进入琼山中学。受农村早婚风俗的影响，冯白驹依父母之命与周玉兰（后改为周惠兰）结婚，但冯白驹坚持履行同志互助社宗旨，坚决反对周玉兰回娘家居住的封建旧习俗，并展开了与以岳父为代表的封建思想顽固派的正面交锋，最终将周玉兰领回冯家居住。冯白驹公开反对封建旧习俗是其反叛意识的具体表现，是他追求自由、倾向革命的开始。

随着新文化运动在琼崖的深入开展，包括马克思主义在内的各种思想在琼崖进一步传播，《新青年》、《每周评论》等各种进步刊物先后在琼崖出现。冯白驹在琼山中学期间大量阅读《琼崖旬报》、《琼岛新青年》、《琼崖革命大同盟》等进步刊物，开始审视琼崖落后的社会现状，寻求新思想帮助琼崖摆脱落后状况。在琼山中学求学期间，冯白驹的思想日益趋向革命。

参加革命活动是思想进步的具体表现。五四运动爆发后，为响应全国学生运动，府城学生成立了琼崖学生联合会，由冯白驹担任府城学生联合会的领导工作。作为学生运动骨干的冯白驹积极组织学生游行示威，成立专门的学生纠察队、宣传队、抵制日货检查队，声援北京爱国学生运动。抵制日货运动得到全琼各界群众的积极响应，日货几乎在琼崖绝迹。

在五四运动中，冯白驹等琼崖有志青年踊跃地参与到学生运动的洪流，促进了琼崖学生爱国运动日益高涨。冯白驹更加坚定了追求真

---

① 中共海南区党委党史办公室编：《冯白驹研究史料》，广东人民出版社 1988 年版，第 628 页。

② 同上书，第 327 页。

理、拯救国家、拯救琼崖的信念。五四运动的洗礼促使冯白驹不断提升自我理论修养，为其后来赴沪读书并逐渐确立马克思主义信仰奠定了基础。

2. 大学时期（1925—1926）

1925 年冯白驹考取上海大夏大学预科，虽然由于家庭经济原因仅就读半年而退学，但是短暂的大学生活使冯白驹接触到了中国共产党反帝反封建的革命主张。冯白驹回忆说："在这半年中，由于接触的同学，是思想比较先进的人，其中有不少是共产党人，他们给我在思想上的影响是不小的。同时在这时期我也阅读了一些新思潮的刊物，如《向导》等，更给我不少启发。"① 大学学习和交流开阔了冯白驹的视野，学校内各种思想的交锋逐渐使冯白驹倾向革命。如果说中学期间的冯白驹开始接触马克思主义，那么，大学期间的冯白驹开始正式学习马克思主义，接触共产党人。大学期间的理论学习使冯白驹对马克思主义、中国共产党及当时中国形势做出新的判断。

五卅运动爆发后，在进步老师和学生的影响下，冯白驹积极发动本校同学创作宣传标语，鼓动大家踊跃参加五卅反帝游行示威活动，组织同学向群众宣传反帝主张，支持上海工人运动，坚决反对帝国主义对中国工人阶级的屠杀。五卅运动得到了上海各界群众的大力支持，也使冯白驹意识到群众的力量与重要性。五卅运动的切身经历使冯白驹深刻认识到：器物的变革无法实现国家的独立富强，从根本上改变落后的社会制度才是实现人民解放的根本出路。

1926 年年初，因家庭经济原因而大学辍学的冯白驹对当时中国社会现状更加不满，如何改变个人、家庭、琼崖、中国的落后现状寻求强国富民之道成为困扰冯白驹的重要问题。回家乡参加革命去，就成为他的既定行动。② 他果断放弃奔赴广东黄埔军校的念头，决定回到琼崖参加革命。

---

① 中共海南区党委党史办公室编：《冯白驹研究史料》，广东人民出版社 1988 年版，第 328 页。

② 同上。

3. 内洞山会议前（1926—1929）

1926 年，经时任中共琼山县党支部负责人李爱春的介绍，冯白驹开始担任海口市郊农民协会办事处主任，主要负责发展农民协会，开展农民运动。冯白驹按照王文明"大胆工作，放下学生架子，到劳苦农民中去，了解他们的疾苦，取得他们信任，领导他们斗争"的指示，从农民的实际利益出发，开展宣传动员工作，鼓励农民群众参加农民协会，共同对抗土豪劣绅和封建军阀的压迫剥削，并着手组织农会自卫队维护农民利益，深受农民群众的信任和拥护。

在领导农民运动的同时，冯白驹还认真研究海丰农民运动的经验，并结合海口实际，灵活解决海口农民运动的实际问题，使海口农民运动不断深入，取得了显著成绩。尤其是冯白驹领导的"五村乡农会斗争吴为藩"的胜利不仅积累了开展群众运动的经验，更坚定了琼崖农民参加农会与农民运动的决心。冯白驹展现的领导能力逐渐得到上级的肯定。

冯白驹在琼崖开展农民运动的过程中，积极响应省港大罢工、国民革命军北伐。他率领农民群众进城包围封锁英国驻海口领事馆，抵制和没收英国从香港运来的洋货，严密检查，不准土豪劣绅偷运土货出口香港。冯白驹领导的农民运动不仅沉重打击了帝国主义在琼崖的嚣张气焰，而且有力地配合了全国的反帝反军阀运动，进一步坚定了其革命成功必须依靠工农群众的信念。1926 年 11 月，冯白驹加入了中国共产党。

1927 年，琼崖发生四二二反革命政变，国民党右派叛变革命，琼崖共产党损失严重。据不完全统计，全岛在四二二反革命政变中被捕杀害的达 3000 多人。琼崖共产党开始转入地下工作，按照王文明的指示，冯白驹出任琼山县委书记，他充分发挥领导组织才能，密切联系革命群众，重新恢复和发展琼山党组织及武装力量。到 1927 年下半年，全琼山县建立起 60 个党支部，共有党员 2189 人，农民武装发展到数百人，成为一支坚强的农民武装队伍。

1927 年 9 月，中共琼崖特委按照广东省委的指示，决定整编全琼武装。琼山县武装组织整编为中路军第七路军，冯白驹任党代表，协同各邻县工农武装攻打椰子寨，取得了椰子寨斗争的胜利。椰子寨斗争成为中国共产党领导琼崖革命武装斗争的起点。为适应琼崖革命战争形势的需要，冯白驹深入母瑞山，对当地的苗族群众进行了细致的思想动员工作，确立了琼崖工农武装与苗族群众的"同盟"关系，为后来工农武装开进母瑞山，开辟母瑞山革命根据地打下了坚实基础。

1928 年，冯白驹在琼山深入开展打土豪、分田地的武装斗争，掀起了琼崖第一次土地革命的高潮，琼山成为全琼开展武装斗争较好的地区之一。① 但受琼崖特委"左"倾思想、错误决策以及敌我力量对比悬殊等因素的影响，琼山革命武装贸然攻打海口，致使武装力量损失严重。冯白驹在革命挫折中逐渐认识到，若在琼崖这个孤岛上坚持革命斗争，离开了人民的支持，就寸步难行。

1929 年，澄迈党组织执行琼崖特委占领中心城市的决定，遭到国民党反动派的疯狂镇压，澄迈党组织几乎解体。冯白驹临危受命出任澄迈县委书记，重新组织和发展澄迈革命力量。他在恢复基层党组织的基础上，在党内开展革命信念教育，坚定同志们对革命胜利的信心，同时不断扩充革命武装力量开展游击斗争。在冯白驹担任澄迈县委书记期间，领导机构不断健全，工作制度逐渐完善，党支部的影响范围进一步扩大，澄迈革命工作重新步入正轨。

冯白驹的早期革命活动使其积累了比较丰富的革命经验，锻炼了其组织领导能力，为他后来走上琼崖革命领导岗位，成为中共琼崖特委领导核心，奠定了基础。

（二）内洞山会议的召开

大革命失败后，琼崖党组织在农村革命根据地的发展，尤其是苏区土地革命的深入开展与工农武装力量的迅速壮大引起了琼崖国民党

---

① 参见中共海南区党委党史办公室编《冯白驹研究史料》，广东人民出版社 1988 年版，第 630 页。

当局的恐慌。自 1928 年开始，国民党当局派重兵来琼"围剿"。由于敌我力量对比悬殊，琼崖第一次反"围剿"斗争失利，琼崖革命力量损失惨重。

在琼崖革命低潮时期，1929 年 5 月，中共广东省委给琼崖特委发来指示，反复强调琼崖工作中心在城市。琼崖特委机关执行广东省委指示迁入海口后，先后两次被敌人严重破坏。琼崖特委主要领导黄学增、官天民先后牺牲。琼崖"党的基础几乎完全塌台，各县虽有工作，目前已无法联络……目前恢复琼崖工作实在困难万分"。① 琼崖党组织陷入失去统一领导的危机状态。

在琼崖革命的危急关头，澄迈县委书记冯白驹挺身而出，他以澄迈县委的名义向王文明汇报了海口特委机关的损失情况并提出了召开全琼各县代表联席会议、重建特委机关的建议。1929 年 8 月中旬，全琼代表共 21 人在定安县的内洞山召开联席会议。史称内洞山会议。

会议的主要议题：一是讨论琼崖当前的斗争方针。会议系统总结了特委机关迁往海口遭受重大挫折的教训，批评了"以城市为中心"的严重错误，重新确立了在农村革命根据地开展武装斗争与土地革命的方针。二是重新组建琼崖特委机关，会议选举产生了中共琼崖特委临时委员会，选出王文明、冯白驹等九人为临时特委委员（当时未选举常委和书记，请求省委派领导同志主持工作）。9 月，中共广东省委批准成立特委。11 月下旬，琼崖党团特委召开联席会议，决定王文明、冯白驹、傅佑山为特委常委，王文明为书记。② 由于王文明身患重病，经他提议，大家一致决定，由冯白驹主持琼崖特委工作。

内洞山会议是琼崖革命危急关头召开的重要会议。它果断纠正了琼崖党内"城市中心论"的错误，实际上确立了冯白驹在琼崖党内的领导地位，结束了琼崖特委领导人频繁更换的局面。从此，琼崖革命

---

① 《中共广东省委要求将琼崖在上海的同志派回琼崖工作给中央信》（1929 年 8 月 2 日）。中共广东省海南行政区委员会党史办公室、海南行政区档案馆编：《琼崖土地革命战争史料选编》，1987 年版，第 156 页。

② 1930 年 1 月，王文明因病在母瑞山逝世。

在以冯白驹为核心的琼崖特委领导下，开始了新的征程。

（三）冯白驹在党内领导地位确立的意义

琼崖特委机关是联系上级党组织、决定琼崖革命发展方向、制定具体革命方略的领导机关。自 1926 年中共琼崖地委（后改称特委）成立 3 年时间内，先后有 7 人曾担任过特委机关主要负责人，主要领导层的频繁更迭严重影响了革命斗争的有效开展。1929 年海口特委机关遭到惨重损失，全琼工农武装陷入混乱状态，严重制约了琼崖革命进程。冯白驹是历经考验的共产党员，是接受过马克思主义教育并能够立足琼崖实际开展革命运动的琼籍干部，有着深厚的群众基础与丰富的群众工作经验。冯白驹的领导核心地位的确立，使琼崖党组织确立了实事求是的思想路线，为将马克思主义基本原理与琼崖革命实际有机结合，开创琼崖革命新局面，创造了干部条件。

冯白驹领导地位的确立对推进琼崖革命过程中的马克思主义中国化具有重要的意义。海南岛地理位置的特殊性使得琼崖与党中央、省委联系不便。"海南党组织所受党中央及上级党组织的领导是不正常的，有时候还陷于断绝联系的状态，这就使得海南党的组织不得不在很多时候独立地解决一些重大问题。"① 海南独特的地理环境与社会环境要求琼崖共产党人必须根据琼崖革命实际，独立自主地解决革命过程中出现的问题。以冯白驹为首的琼崖特委领导集体立足琼崖实际，将马克思主义基本原理运用到革命实践中解决琼崖革命中出现的问题，创造了推进马克思主义中国化，独立解决区域革命问题的光辉范例。在琼崖革命过程中，冯白驹坚持一切从实际出发，通过革命实践经验不断完善、创新党的组织领导制度，将党中央、省委的指示与琼崖革命实际情况相结合，实事求是地解决革命过程中出现的问题，有力地促进了琼崖革命的发展。冯白驹领导地位的确立，推动了琼崖

---

① 中共海南区党委党史办公室编：《冯白驹研究史料》，广东人民出版社 1988 年版，第 265 页。

党组织对马克思主义中国化、本土化的积极探索，使琼崖革命进入了一个新的发展阶段。

二、冯白驹对马克思主义中国化的区域实践

马克思主义是科学的世界观与方法论的统一。但各国具体国情的差异性决定了马克思主义必须通过"民族形式"才能实现。"没有抽象的马克思主义，只有具体的马克思主义。所谓具体的马克思主义，就是通过民族形式的马克思主义，就是把马克思主义应用到中国具体环境的具体斗争中去，而不是抽象地应用它。"[①] 在琼崖革命过程中，只有将马克思主义真正地植根于琼崖独特的自然环境与社会环境，才能找到正确的革命道路。冯白驹作为琼崖特委的领导核心，正是根据琼崖实际，才制定了一系列的正确政策，在琼崖促进了马克思主义中国化、本土化。

（一）坚持武装割据，走以农村为中心的革命道路

琼崖革命究竟以何种斗争为主要形式，是琼崖共产党人必须首先解决的问题。琼崖四二二反革命政变的惨痛教训表明，武装斗争是琼崖革命胜利的根本途径，只有枪杆子才能出政权。"在中国，离开了武装斗争，就没有无产阶级的地位，就没有人民的地位，就没有共产党的地位，就没有革命的胜利。"[②] 冯白驹在担任海口市郊农会主任时组织农民武装——农会自卫队与反动地主开展斗争，在琼山、澄迈两县任职期间组织革命军队攻打潭墨炮楼等的胜利，使冯白驹逐渐认识到武装斗争的重要性，坚信武装斗争是琼崖革命的主要斗争形式。

在武装斗争中是走以城市为中心还是以农村为中心的革命道路？1928 年琼崖特委在海口领导全琼武装总暴动失败，琼崖党组织损失

[①]　中央档案馆编：《中共中央文件选集》第 11 册，中共中央党校出版社 1991 年版，第 658 页。

[②]　《毛泽东选集》第 2 卷，人民出版社 1991 年版，第 610 页。

惨重，琼崖特委机关几乎全军覆没。次年，琼崖特委机关执行广东省委指示再次迁入海口后，又一次被敌人严重破坏。这说明敌人在城市力量强大，琼崖革命以城市为中心必然使革命力量遭到严重损失，此路不通。冯白驹吸取在中心城市革命失败的教训，开始将革命工作的重心转向交通不便、敌人力量薄弱的农村，走上了以农村为中心的革命道路。

琼崖革命能否在农村立足，关键取决于能否得到农民的支持和拥护，能否满足农民诉求、维护农民利益。琼崖农民阶级身处社会底层，深受帝国主义及封建势力的压迫剥削，生活困苦，要求改变现状的呼声十分强烈。农民问题的核心是农民的土地问题。冯白驹从琼崖实际出发，制定了琼崖土地革命政策，满足了农民的土地需求，得到了农民群众的支持和拥护，掀起了琼崖土地革命风暴。

在琼崖革命中坚持走以农村为中心、以农民为主体的革命道路，是以冯白驹为核心的琼崖革命领导集体将马克思主义基本原理与地方革命实际相结合，独立探索的结果。在琼崖党组织探索琼崖革命道路的过程中，得到了中央主要领导人的鼓励和指导。1930 年，周恩来在上海听取冯白驹关于琼崖革命情况的汇报后，肯定了琼崖党组织抓住红军、农村革命根据地和苏维埃政权这三件大事，并指出琼崖今后必须依靠群众坚持武装斗争。这实际上转达了毛泽东关于"工农武装割据"的思想。①

（二）创新经济政策，促进革命根据地经济发展

"战争不但是军事的和政治的竞赛，还是经济的竞赛。"② 在生产力发展水平低下的琼崖出现"二十三年红旗不倒"的奇迹，与以冯白驹为核心的琼崖革命领导集体创新经济政策，发展根据地经济有着密不可分的关系。

---

① 钱跃：《毛泽东思想与琼崖革命》。中共海南省委党史研究室、海南省中共党史学会编：《琼崖革命研究论文选》，中共党史出版社 1994 年版，第 31 页。

② 《毛泽东选集》第 3 卷，人民出版社 1991 年版，第 1024 页。

　　根据地的经济发展是琼崖革命的持久动力。在琼崖革命进程中，冯白驹根据琼崖社会基本矛盾和社会状况制定根据地经济政策，为琼崖革命斗争的开展提供了重要的经济保障。

　　在土地革命战争时期，琼崖革命根据地的土地政策具有较高的前瞻性和创新性。琼崖第一次土地革命高潮期间，琼崖特委结合琼崖实际对土地分配的单位、标准等进行细致的划分，妥善地处理了地主、富农、中农、贫农之间的土地关系；在琼崖第二次土地革命高潮时，以冯白驹为首的琼崖特委在总结土地革命经验的基础上，根据中华苏维埃《土地暂行法》，结合本地实际，制定了琼崖《土地暂行法》，在不少方面有所创新。如在土地分配数量标准问题上，琼崖特委强调分配土地以人口与劳动力混合分配为标准。劳动力按正式平均土地分配，非劳动力则当附加田亩分配，但附加田亩原则上不能超过劳动者平均分配土地亩数的 1/3。[①] 以人口和劳动力混合分配土地，就克服了单纯按照人口平均分配或按照劳动力平均分配的缺陷，有利于促进农业生产发展。在维护中农利益问题上，琼崖特委指出："如贫农平均土地，不能超过中农原有土地的时候，只贫农来单独平均分配。而且事实上各地在目前分配土地中，贫农平均分配土地，都是完全没有超过中农的。"[②] 琼崖在土地分配中没有实行没收分配中农土地的政策，保护了中农的利益。其对富农的政策和给地主家属以生活出路的做法，都是正确的，体现了以冯白驹为首的琼崖特委在土地分配方面较高的政策水平和理论水平。此外，在处理地区间的土地交叉问题、照顾红军家属问题等方面，琼崖特委都提出了符合实际的解决办法，对中华苏维埃颁布的《土地暂行法》作了重要补充，从而最大限度地调动了农民阶级的积极性，保证了土地革命的顺利开展。

　　除土地政策外，以冯白驹为首的琼崖特委还制定了其他一系列经

---

　　① 参见《中共两广省委给中央的报告——呈录琼崖特委给省委报告》（1932 年 1 月 30 日）。《琼崖土地革命战争史料选编》，1987 年版，第 256 页。

　　② 《中共两广省委给中央的报告——呈录琼崖特委给省委报告》（1932 年 1 月 30 日）。《琼崖土地革命战争史料选编》，1987 年版，第 257 页。

济政策。如健全财政机构，创建财政制度，建立了从琼崖苏维埃政府到各县级苏维埃政府的经济委员会垂直管理体制，在连成片的革命区不断扩大土地革命的区域，强化平均分配土地的力度，鼓励农民创办合作社发展农业生产。又如，为打破国民党反动派对革命根据地的经济封锁，实施鼓励和保护商业的政策，开展集市贸易，激活革命根据地与敌占区的经济贸易联系，活跃苏区内部、苏区与敌占区之间的商品流通。此外，冯白驹还提倡独立自主，创建军用、民用机构，兴办红军农场、军械厂、红军医院等，以满足革命发展需要。

抗日战争爆发后，帝国主义与中华民族之间的矛盾成为中华民族的主要矛盾。为缓和社会各阶层之间的矛盾，维护和扩大抗日民族统一战线，冯白驹适时调整财经政策：撤销各根据地的税务机构，重新组织人员组建本地财政科，统一财税机构，保护全体抗日人民的私有财产及应得之利益；实行统一累进税，废除苛捐杂税，合理负担；废止高利贷，鼓励各根据地因地制宜发展农业生产、兴办合作社等商业活动。冯白驹还亲自率领党政干部积极参与根据地农业生产，进行生产自救，组织兴建了榨油厂、麻绳厂、竹笠厂、渔网厂等一批手工业作坊，满足根据地生产生活所需，打破了日军对琼崖抗日根据地的经济封锁。

抗日战争胜利后，琼崖国民党坚持独裁专制，琼崖人民渴望和平民主，内战乌云笼罩琼崖大地。在琼崖解放战争中，以冯白驹为领导核心的琼崖民主政府按照琼崖解放区行政划分进一步健全财政机构，分层管理，确保财税征收工作有序进行。在继续发展农副业生产、兴建军用工业、发展对外贸易的基础工作上，琼崖民主政府更加注重合作事业发展。合作社的资本由各县生产企业所得中抽取一部分组成，还与民众合作，招股集资，民众投资不仅限于金钱，也可以货物和劳力入股。合作社坚持公平交易原则，并开展借贷业务，使根据地经济迸发了活力。

总之，在领导琼崖革命的过程中，以冯白驹为首的琼崖特委正确贯彻中央指示，紧密结合琼崖实际，依靠人民群众，创新经济政策，发展琼崖经济，保障革命供给，为夺取革命斗争的最后胜利奠定了经济基础。

（三）加强革命宣传，培养革命人才

在琼崖独特的地理环境与历史因素相互交织影响下，以冯白驹为代表的琼崖共产党人将革命宣传教育融入琼崖本土文化，形成了别具特色的琼崖革命文化。

1. 出版革命刊物，组建宣传团队

思想政治工作是革命工作的生命线。如何实现党的主张及时有效传播是党的思想政治教育重大课题。以冯白驹为首的琼崖特委针对教育客体的性质灵活运用多种教育形式，深入开展宣传教育活动，取得了较好的效果。

出版革命刊物是琼崖根据地的重要宣传教育形式。内洞山会议后，冯白驹高度重视革命根据地的思想宣传，强调要增强刊物面向群体的针对性，强化宣传效果。土地革命战争后期，琼崖党组织出版了《工农兵》、《琼崖红旗》等刊物。抗日战争爆发后，冯白驹亲自主编党内刊物《党团生活》、《布尔塞维克》半月刊和《救亡旬报》，旗帜鲜明地表明中国共产党团结抗日、一致对外的政治立场。此外，以冯白驹为核心的琼崖特委组织成立宣传团队，承担起革命报道采写、报纸编排、发行等工作。琼崖革命出版业日趋成熟，涌现出一批新的革命刊物，如以中层军队干部为教育对象的不定期刊物《军政杂志》等。解放战争后期，琼崖根据地的出版宣传工作成绩显著。1949 年 4月，在琼崖特委领导下，以原抗日宣传团队为基础组建了新华社琼崖分社，成为新时期琼崖革命宣传的主力军。新琼社秉持优良的宣传传统，及时、迅速地向琼崖内外传播革命状况，为琼崖解放做出了重要贡献。

编唱革命歌曲是琼崖根据地最有效的宣传形式。朴素易懂的语言表达有利于破除社会各阶层思想的隔阂，其朗朗上口、便于记忆、情感鲜明、鼓动性强等特点有利于在潜移默化中强化思想政治教育的效

果。战争期间的革命歌曲以娱乐的形式存在，不仅反映了当下的社会状况，表达了群众迫切改变受压迫受剥削现状的愿望，而且减少了思想政治教育的生硬痕迹，降低了教育传递的阻力。在琼崖革命中涌现出一批脍炙人口、简洁鲜明、深入人心的革命歌曲，如《送郎上前线》等。其内容贴近群众生产生活实际，将党的政治主张与群众愿望相结合，强化了党的政策宣传，凝聚了革命力量，促进了根据地发展。

琼剧以海南话为戏剧语言，戏剧曲目丰富多彩，唱腔婉转动听，是琼崖独特的艺术表演形式。琼崖共产党人将革命思想与本土琼剧相结合，改编和创作反映当时群众生活状况、美好愿望的新琼剧，形成了新时期的"革命琼剧"。新琼剧在保留原琼剧唱腔的基础上，注重内容革新，以宣扬革命主张为核心，从革命生活的细腻处切入，既贴近群众生活易引发共鸣，又坚定了根据地人民的革命信念。冯白驹本人就是琼剧爱好者，经常参加指导琼剧的排练和演出工作，还亲自创作了琼剧《双朵红》。在艰苦卓绝的革命斗争中，冯白驹总能千方百计发挥琼剧的独特作用。如1932年反"围剿"斗争失败后，冯白驹等被围困在母瑞山长达八个月之久。在异常艰苦的岁月里，冯白驹及夫人经常演唱琼剧，号召同志们坚定革命信念，乐观面对革命低潮。后来冯白驹率领队伍胜利实现突围，保存了革命火种。

冯白驹十分重视文学宣传工作。他把剧团、文艺宣传队和文工团等看作一支不可忽视的起到战斗作用的文艺大军。[①] 土地革命战争时期，冯白驹便着手组织红军剧团，利用文艺表演形式开展革命宣传运动，丰富革命根据地的文化生活，提高根据地民众的文化素质。抗日战争时期，在冯白驹主持下组建的文工队不断壮大，来自全国各地的青年、港澳同胞、志同道合的各族革命文艺工作者共同组建了一支革命宣传队伍。文艺题材空前广泛，艺术表现形式更加丰富。解放战争时期，为加强前线政治宣传鼓动工作，冯白驹策划和成立了文艺工作

---

① 参见吴之、贺朗《冯白驹传》，当代中国出版社1996年版，第623页。

队。文艺工作队除在继续开展革命宣传外，冯白驹还赋予了其新的革命任务——走上战场，策反敌军。文艺工作队不仅出色完成了文艺宣传工作，而且积极配合了琼崖春季攻势，特别是"白毛快板"成为琼崖纵队瓦解敌军的重要武器。

2. 创建各类学校，培养革命人才

土地革命战争时期，以冯白驹为首的琼崖特委紧紧围绕武装斗争、土地革命、根据地建设三项中心任务，在革命根据地深入开展革命宣传教育活动。为确保土地革命的顺利开展，提高党员干部的理论修养，一批军事政治学校在琼崖应运而生。其中母瑞山革命根据地的琼崖红军军事政治学校，旨在重点培养军事指挥员、各级苏维埃政府干部，学校教学团队针对不同的培训对象，灵活安排授课时间，确保教育效果最大化。此外，琼崖特委还创立各种短期军政干训队，加强党员干部的思想政治教育，强化干部队伍建设。

卢沟桥事变后，琼崖共产党人创办的各类学校以团结抗日、争取民族解放为主题，以培养政治、军事人才为主要任务，革命教育日趋成熟，琼崖根据地的教育纳入了正常发展的轨道。抗日战争时期，琼崖根据地各党校以抗日民族统一战线、党建、军事教育为主要内容，大力提升党员素质，加强党的建设。其中，琼崖西路党校，冯白驹亲自担任校长。同时以相对正规的办学模式创办革命学校，针对学员群体的差异性分别开班，灵活设置相关课程，为琼崖抗战培养急需人才。如 1940 年开办的琼崖抗日公学以学员素质水平高低为标准设置班级，教育内容涵盖文化、政治、军事等方面。琼崖抗日公学办了两期，培养了学员 600 多人。除创办正规学校外，短期训练班仍然是主要的教育培训方式。琼崖特委通过培训区委以上干部，加强干部队伍的思想政治教育，提高党组织及部队的战斗力。1943 年，琼崖特委结合琼崖实际开展整风运动，提高干部、战士的思想觉悟和作风，为准备坚持长期斗争，打下了思想基础。

解放战争时期，琼崖根据地开办的学校仍以军政学校和党校为主，以提高基层干部的政治思想水平及形势分析能力为重点，进一步加强基层干部队伍建设。如冯白驹主持开办的琼崖纵队军政学校，培养对象是中小队长干部，地方部队可选送有前途的班长、战士、警卫员前来学习，学校开设军事班和政治班，每期培训时间为 3 个月。①军政学校的开办，加强了纵队的思想政治教育工作，提高了部队的整体战斗能力。根据新阶段革命斗争所需人才情况，琼崖根据地一些学校开办了一些专门培训班。如琼崖妇女学校以培养妇女干部为主要目标，开设妇女培训班；1949 年 6 月，新华社琼崖分社举办了一期新闻干部培训班，培训新闻干部。

在琼崖革命过程中，在冯白驹的领导和推动下，党在琼崖的革命教育活动逐渐体系化、规模化、制度化，实现了教育与革命之间良性互动。党的主要领导人出任学校校长，通过特色化办学，培养了大量干部和青年，为琼崖胜利解放及新琼崖的建设奠定了人才基础。

（四）坚持党对军队的绝对领导，深入开展人民战争

武装斗争是中国革命的特点。冯白驹在领导琼崖革命过程中，始终坚持党对人民军队的绝对领导，紧密依靠人民群众，深入开展人民战争，使琼崖人民武装力量不断发展壮大。

1. 坚持党对军队的绝对领导，灵活运用战略战术

"在中国，主要的斗争形式是战争，而主要的组织形式是军队。"②冯白驹从海口市郊农会的切身经验与四二二反革命政变的教训中认识到了革命武装的重要性。走上琼崖特委领导岗位后，冯白驹高度重视军队中党的组织建设。他在继承建军初期的党代表制度基础上，健全政治委员制度，使政委在部队中有最后的决定权。③以制度确保党在军队中的领导核心地位。解放战争时期，冯白驹将军队党委

---

① 参见《琼崖临时民主政府关于复办军政学校的训令》（1949 年 1 月 18 日）。中共海南省委党史研究室、海南省档案馆编：《琼崖解放战争史料选编》（下），1989 年版，第 8 页。

② 《毛泽东选集》第 2 卷，人民出版社 1991 年版，第 543 页。

③ 参见中共海南区党委党史办公室编《冯白驹研究史料》，广东人民出版社 1988 年版，第 30 页。

制度调整为纵队、总队、支队三级负责制，推进扁平化管理体制，通过集体商讨及时解决军队发展过程中遇到的各种问题，使决策科学化、民主化。

坚持党对军队的绝对领导是琼崖革命胜利的重要前提，而战略战术的合理应用则是影响琼崖革命军事胜利的最直接因素。战术的灵活运用是优秀军事指战员的基本要求，是人民军队在敌强我弱的情况下依旧取得琼崖革命胜利的重要条件。在经历土地革命战争初期的军事挫折后，冯白驹立足琼崖实际，认真总结军事斗争经验教训，不断提高自身军事素质和理论修养，探索适合琼崖革命斗争特点的军事战术。

在琼崖革命进程中，冯白驹善于根据琼崖社会状况和武装斗争实际情况运用灵活的战略战术。抗日战争时期，日军对琼文抗日根据地进行疯狂扫荡，解放区面积不断缩小。针对日趋恶化的军事形势，冯白驹作出敌军集中优势兵力，其他地区必定实力空虚的判断，果断提出了"坚持内线，挺出外线"的战略方针，留少许部队在抗日根据地开展游击战争，军队主力挺出外线作战，实现内外双线的军事联动。这既有效地牵制了敌军进攻抗日根据地的力量，又限制了日军的活动范围，使敌军顾此失彼，琼崖抗日武装抓住有利时机消灭了大量敌军。这一战略方针的制定和实施，创造性地运用了毛泽东关于抗日游击战争战略战术思想。

游击战与运动战是琼崖军事斗争中运用最为普遍、成效最为显著的战术。"十年来的军事斗争，我军战术运用上比较有成功的与特殊的是伏击与奇袭，敌人吃亏最大的是这点。"① 解放战争时期，随着琼崖纵队的不断壮大，冯白驹果断转变战术方针，"今后战术的发展趋向已由游击战的基础上逐渐向伏击战的运动战而完全的运动战发

---

① 中共海南区党委党史办公室编：《冯白驹研究史料》，广东人民出版社1988年版，第126页。

展"。① 由于军事战略战术切合实际，党在琼崖的武装力量逐渐掌握了战争主动权，为琼崖的解放奠定了军事基础。

解放军发动海南岛战役前夕，冯白驹和琼崖特委根据敌我力量的对比和琼崖纵队的实际情况，建议渡海作战部队趁敌人防线尚在部署，还不严密之机，向琼崖偷渡一批兵力；或者派一些干部和机械技术人员偷运一批枪支弹药，充实琼崖纵队战斗力。这一建议得到中共中央和毛泽东的肯定，并在广州会议上被确定为对琼作战方针。实践证明，这一建议是完全正确的。1950 年 4 月，在琼崖纵队的接应和有力配合下，渡海作战部队在没有海军和空军支援的情况下，成功登陆海南岛。5 月 1 日，海南全岛解放。海南岛战役是中国共产党创建人民军队以来第一次渡海登陆的成功战役。它创造了战争史的奇迹，丰富了毛泽东军事思想。

2. 革命战争是人民群众的战争，群众的支持是胜利的根本

人民群众是历史的创造者。琼崖革命的胜利是琼崖人民的胜利。历史证明：战争力量的对比不但是军事实力和经济实力的综合对比，而且是人心面向的对比。琼崖革命的胜利是与人民群众的支持密不可分的。

在琼崖革命发展的曲折历程中，冯白驹充分意识到人民群众的极端重要性，他强调指出：我们"坚持下来并且能够发展的主要原因，就是我们始终依靠群众，联系群众，得到了海南岛人民的拥护与支持。……离开了广大海南人民对革命的热烈要求、支援与积极参加，那么海南的革命斗争是根本不可能进行的"。② 冯白驹作为琼崖革命的领导人，始终坚持马克思主义群众观，认为"不是山藏人，而是人藏人"。他积极将马克思主义关于人民创造历史的观点付诸实践，坚持走群众路线，积极动员琼崖各阶层各界群众积极参加、支援革命，

---

① 《李振亚：十年来战术的运用与发展总结报告》（1947 年 10 月）。《琼崖解放战争史料选编》（上），1989 年版，第 224 页。

② 中共海南区党委党史办公室编：《冯白驹研究史料》，广东人民出版社 1988 年版，第 268 页。

使琼崖革命有深厚的群众基础。

　　冯白驹在革命斗争中从琼崖妇女受压迫最深的实际出发，将琼崖妇女勇于斗争的精神与党的革命主张相结合，激发广大妇女的革命积极性，创建了一支妇女武装——女子军特务连。女子军特务连配合红军主力作战，开展革命宣传活动，谱写了一段"红色娘子军"历史传奇。

　　冯白驹十分重视琼崖少数民族群众。琼崖是一个多民族聚居的地区，黎族和苗族是琼崖最主要的少数民族。冯白驹从少数民族受压迫的现状出发，宣传共产党的宗旨和政策，团结少数民族力量共同反抗国民党政府的压迫，反击日本帝国主义的侵略。1940 年 11 月，中共中央给琼崖特委发出指示，要求特委"认真在三十余万夷民中进行艰苦联络工作，尊重他们的民族风俗习惯，使他们信任我们，不仅使他们不为敌伪利用，而且要使他们与我们一起抗敌"。[1] 12 月，琼崖特委部分进入黎族聚居区域后，纪律严明，帮助黎族群众解决困难，受到当地群众拥戴。1943 年 8 月，白沙县黎族苗族群众不堪国民党当局的压迫，在黎族首领王国兴的领导下举行起义，将国民党军政机关和武装力量几乎全部从白沙驱逐出去。后来国民党当局派重兵反扑，起义军损失惨重。在生死存亡的危急关头，起义队伍想到了共产党，分散几处的起义军都不约而同地派人去寻找共产党，都没有成功。1943 年 10 月，王国兴召集各部首领开会，大家一致主张去寻找共产党，认为只有找到共产党来帮助，才可能打退国民党的进攻。经过一个多月的艰苦探寻，王国兴派出的代表在儋县和临高交界处找到了共产党的组织。冯白驹及时派出工作组前往白沙，开展抗日宣传和组织工作，逐步建立了白沙抗日根据地。王国兴任白沙县抗日民主政府副县长。白沙抗日根据地奠定了解放战争时期五指山中心根据地的建设基础，具有十分重要的意义。"没有这个根据地的建立，对于配合大军

---

　　[1] 《中共中央书记处对琼崖工作的指示》（1940 年 11 月 7 日）。中共广东省委党史资料征集委员会、中共广东省海南行政区委员会党史办公室编：《琼崖抗日斗争史料选编》，1986 年版，第 21 页。

渡海登陆作战解放海南的任务，非但会受到影响，恐怕甚至不能起多大作用。"① 黎族、苗族等少数民族群众的大力支持，是琼崖革命胜利的重要条件。

近代以降，大量琼崖人口远赴东南亚等地谋生，琼崖华侨众多。琼侨"流寓远方，不忘琼土"，具有爱国爱乡的优良传统，是琼崖革命的重要依靠力量。日本帝国主义侵入海南岛后，冯白驹多次致函海外侨胞，鼓动侨胞支援琼崖抗战。爱国琼侨一方面组织回乡服务团，另一方面慷慨解囊，筹款援助抗战，与琼崖人民共赴国难。琼侨回乡服务团在政治上接受中共琼崖特委的领导，艰苦奋战，为抗日救亡运动做出了突出贡献。解放战争时期，琼侨了解到党的经济困难，即刻发起募捐活动，往海南运回大批药品、物资和现金，有力地支援了琼崖解放战争。

群众路线是党的根本政治路线和组织路线，也是毛泽东思想活的灵魂的重要组成部分。以冯白驹为首的琼崖特委在革命斗争中形成了比较系统的群众观点。琼崖特委总结为：（1）采取正确的民众观点，群众是党生存的基础，是党力量的源泉，党失掉了群众就等于失掉了生命。（2）尊重群众的利益。共产党员要以群众的利益为出发点，同时要善于创造群众利益，帮助他们生产，改善其生活。（3）向群众学习。从群众中吸取知识，彻底纠正轻视群众的观点。（4）凡是共产党员都应该负担起宣传群众、解释群众的任务，学会做群众工作。② "山不藏人人藏人"是冯白驹对群众路线最朴实、最真诚、最通俗的表述。以冯白驹为首的琼崖特委在革命实践中丰富了群众路线这一毛泽东思想活的灵魂。

---

①　中共海南区党委党史办公室编：《冯白驹研究史料》，广东人民出版社 1988 年版，第269 页。

②　参见中共广东省委党史资料征集委员会、中共广东省海南行政区委员会党史办公室编《琼崖抗日斗争史料选编》，1986 年版，第 301 页。

三、冯白驹推进马克思主义中国化的历史经验

马克思主义是中国共产党的指导思想，如何妥善地将马克思主义应用到革命、建设中指导社会实践是中国共产党需要解决的主要问题。在琼崖革命过程中，冯白驹将马克思主义基本原理与琼崖实际相结合，创造性地解决了革命中的一系列重大问题，在琼崖地区促进了马克思主义中国化、本土化，给我们留下了丰富的历史经验。

（一）真信真懂马克思主义是推进马克思主义中国化的首要条件

马克思主义是关于无产阶级和人类解放的学说，是科学的世界观和方法论。只有真信真懂马克思主义，才能积极主动地推进马克思主义中国化。这是将马克思主义基本原理与琼崖实际情况相结合的首要条件。

冯白驹自青年时代就确立了对马克思主义的信仰，从此就没有动摇过。在异常紧张的革命斗争中，冯白驹坚持学习马克思、恩格斯、列宁、斯大林、毛泽东等人的著作。抗日战争时期，毛泽东还特别托口信给冯白驹列出书目，指导他努力学习，提高马克思主义的水平。在学习中，冯白驹坚持用科学的态度对待马克思主义理论；坚持在琼崖的革命实践中思考问题和解决问题。他力求掌握马克思主义的立场、观点和方法，掌握毛泽东思想活的灵魂，而不是简单地背诵个别结论。在琼崖革命的许多重大问题上，冯白驹都是以实事求是的基本点，群众路线的出发点和独立自主自力更生的立足点去观察问题和处理问题。冯白驹是一个马列主义、毛泽东思想水平很高的无产阶级革命家。①

----

① 参见唐昆宁《试论毛泽东思想在琼崖革命中的运用》。中共海南省委党史研究室、海南省中共党史学会编：《琼崖革命研究论文选》，中共党史出版社 1994 年版，第 55 页。

　　毛泽东思想是中国共产党人推进马克思主义中国化的重要理论成果。琼崖革命在各个历史时期都得到了毛泽东思想的指导。中共中央、毛泽东一方面通过广东党组织转达指示，另一方面与琼崖特委建立电台联系①，及时地直接指导琼崖革命斗争。这种指导有几个突出特点：一是始终坚持实事求是的原则，既站在全国革命的高度，又十分照顾和尊重琼崖革命的特殊性；二是坚持了原则性与灵活性相统一的原则，在转达党的路线、方针、政策时，给琼崖的贯彻和发挥留有充分的余地；三是坚持了全面和重点相结合的原则，既突出了一个时期的工作中心，又照顾到琼崖革命斗争的方方面面。② 这样就使得以冯白驹为首的琼崖特委更好地根据琼崖实际，灵活贯彻执行，推动革命胜利发展。

　　冯白驹在总结海南岛的斗争时指出："海南党的组织二十多年来，远离中央，在摸索中创造了一些成绩，但我们必须懂得，我们的斗争并不是孤立的，如果没有毛泽东同志领导下的全国革命的发展和胜利，我们海南是不可能单独得到胜利的。在全部的过程中，虽然有些时候我们与中央断绝了直接联系，但就在那些时候我们从中央公开发表的文件中，从毛主席的著作中，初步地体会了毛泽东思想的要点，而这就是我们海南岛的斗争能够坚持与发展的最根本的原因。"③ 琼崖革命的胜利，就是在毛泽东思想指导下的胜利。

　　没有革命的理论就没有革命的行动。在琼崖革命过程中，以冯白驹为代表的琼崖共产党人将马克思主义特别是中国化的马克思主义——毛泽东思想作为行动指南，根据琼崖地理、历史、文化特点，将马克思主义本土化、海南化，创造了琼崖革命"二十三年红旗不

---

　　①　1939 年 8 月八路军驻香港办事处将电台运抵琼崖，随后中央与琼崖特委建立了电台联系。

　　②　参见钱跃《毛泽东思想与琼崖革命》。中共海南省委党史研究室、海南省中共党史学会编：《琼崖革命研究论文选》，中共党史出版社 1994 年版，第 37 页。

　　③　中共海南区党委党史办公室编：《冯白驹研究史料》，广东人民出版社 1988 年版，第 269 页。

倒"的奇迹。其基本经验，值得在新的历史时期汲取。

（二）一切从本地实际出发、理论联系实际是推进马克思主义中国化的基本前提

马克思主义不是可以照抄照搬的公式，更不是教条。马克思主义在各地的实际应用必须从各地的实际出发，以马克思主义的立场、观点和方法分析问题、解决问题，马克思主义才具有生命力。一切从本地实际出发，理论联系实际，是推进马克思主义中国化的基本前提。琼崖革命作为马克思主义中国化的区域实践活动，留下了正、反两个方面的经验教训。

在琼崖革命初期，由于琼崖党组织革命斗争经验不足，党中央、省委的指示或上级党组织派来的代表的意见一度成为各项政策制定和实施的唯一依据。虽然这些指示或意见对琼崖革命斗争起了很大指导作用，但由于党内"左"的思想一度占据统治地位，一些指示或意见在琼崖革命实践中证明是脱离实际的，给革命事业带来了不可估量的损失。惨痛的教训使冯白驹认识到从实际出发的重要性。内洞山会议后，以冯白驹为首的琼崖革命领导集体将马克思主义基本原理与琼崖革命实际相结合，制定符合当地特点的方针政策，逐渐走上了以马克思主义理论指导实践，在实践中制定政策、检验政策，推进马克思主义本土化、区域化的正确道路，促进了琼崖革命的胜利发展。

琼崖受特殊的地理位置及琼崖党组织经常与上级党组织失去联系等客观因素的影响，以冯白驹为首的琼崖特委非常注重从琼崖革命实际出发，运用灵活的政策和策略指导革命斗争。例如，在解放战争时期冯白驹坚持实事求是的原则，妥善处理了党中央关于"北撤"、广东区党委关于"南撤"的指示问题。1946年2月，在中共中央积极争取国内和平民主局面之际，琼崖国民党军队悍然向白沙根据地大举进攻。当琼崖纵队与国民党军队鏖战之时，广东区党委派人来传达中央关于落实国共和谈协议和将琼崖纵队"北撤"山东的指示。琼崖特委召开紧急会议研究"北撤"问题。冯白驹从琼崖内战已经爆发，以

及琼崖革命的实际状况出发，认为在为争取和平按照上级指示做"北撤"准备的同时，要立足于坚持孤岛斗争，切实做好琼崖自卫战争的准备。实践证明，这一决定是非常正确的。1946 年 6 月全国内战爆发后，冯白驹又实事求是地处理了广东区党委关于琼崖纵队"南撤"越南的指示。毛泽东在中央给琼崖特委的电报中，肯定了琼崖特委的意见，使冯白驹等深受鼓舞。正是由于以冯白驹为首的琼崖特委坚持一切从琼崖革命实际出发，在重大历史关头把握了前进方向，不断壮大琼崖革命力量，才使琼崖革命"二十三年红旗不倒"。这反映了冯白驹很高的运用马克思主义理论分析问题、解决问题的能力和水平。

一切从实际出发，实事求是，是琼崖共产党人推进马克思主义中国化、本土化，领导革命走向胜利的宝贵经验。在海南社会主义现代化建设的新时期，要继承以冯白驹为首的琼崖革命领导集体理论联系实际的优良传统，推动海南科学发展。必须立足海南省情，依托海南独特的热带、海洋、生态资源优势，积极发展服务型经济、开放型经济、生态型经济，逐渐形成以旅游业为龙头、现代服务业为主导的特色经济结构；必须不断完善具有海南特色、具有国际先进水平的旅游产业体系，加强生态文明建设，增强可持续发展能力，努力实现海南国际旅游岛建设的目标。

（三）始终保持党同人民群众的血肉联系是推进马克思主义中国化的深厚根基

马克思主义科学指导作用的发挥关键在于理论扎根于人民群众的实践之中。"只有相信人民的人，只有投入生气勃勃的人民创造力泉源中去的人，才能获得胜利并保持政权。"[1] 一个政党只有真正认识到人民群众的历史创造者的地位和作用，将理论与政策植根于人民群众中，得到人民群众的拥护，才能顺应历史发展的潮流。人民群众是社会物质财富和精神财富的直接创造者，是社会进步的决定性力量，

[1] 《列宁全集》第 33 卷，人民出版社 1985 年版，第 57 页。

也是琼崖革命"二十三年红旗不倒"的根本原因。

"山不藏人人藏人"是冯白驹从琼崖革命曲折发展历程中提炼出的具有琼崖特色的群众路线。琼崖革命的胜利是琼崖人民群众的伟大胜利，冯白驹高度评价人民群众在琼崖革命中的巨大作用。琼崖地理位置的特殊性、经济发展的单一性等因素决定了琼崖革命与大陆新民主主义革命的差异，但革命能否获得群众的支持始终是影响新民主主义革命发展的最关键因素。冯白驹多次强调"人民群众是我们的父母兄弟姊妹，只有得到群众的支持，我们才能在远离大陆的海南岛上生存和战斗下去，脱离了群众，不仅寸步难行，更谈不上夺取革命的最后胜利。"①

如何得到人民群众的支持、如何组织与发动人民群众参加革命成为琼崖革命发展的主要问题。冯白驹对琼崖少数民族开展思想动员工作是不断创新工作思路的杰出范例。琼崖黎族苗族等少数民族主要聚集生活在琼崖中部山区，是琼崖革命发展不可或缺的力量。随着琼崖抗日战争及解放战争的发展，鉴于黎族苗族等少数民族群众对开辟海南岛中部山区根据地的重要性，如何将少数民族兄弟纳入革命队伍成为琼崖革命发展的重要议题。一方面，冯白驹积极吸纳以王国兴为代表的积极主动寻找共产党的黎族同胞，帮助其组织成立黎族武装，共同抗敌；另一方面，冯白驹根据早年开辟母瑞山革命根据地的经验，采用"重点突破"的策略，首先说服个别少数民族首领，再利用少数民族首领做好其他少数民族的工作，共同参加革命斗争。此外，以冯白驹为代表的琼崖共产党人还针对琼崖农民、工人、学生、知识分子以及海外琼侨等不同阶层的特点，大力开展思想政治教育工作，密切联系各界群众，促进了琼崖革命的不断发展。

人民群众是推动历史向前发展的根本力量，是实现琼崖革命胜利的决定性因素。当代在海南推进马克思主义中国化、本土化，必须始

---

① 中共海南区党委党史办公室编：《冯白驹研究史料》，广东人民出版社 1988 年版，第542 页。

终保持党同人民群众的血肉联系，始终坚持走群众路线，在实践中不断创新群众工作方法。这是推进马克思主义中国化的根基所在。

（四）解放思想、不断创新是推进马克思主义中国化的内在要求

解放思想是琼崖共产党人认识新事物、应对新挑战、解决新问题的重要法宝。

抗日战争胜利后，中国面临着两种命运、两种前途。在两种前途、两种命运的重要抉择关头，为实现国内和平，中国共产党坚持和平、民主、团结的方针，1945 年 8 月 13 日，毛泽东在延安干部会议上作《抗日战争胜利后的时局和我们的方针》的报告，全面分析抗战胜利后我国的局势发展，并阐明了党在抗战胜利后的方针：一方面要尽力争取和平，反对内战，使内战限制在局部范围或推迟内战爆发的时间；另一方面对美蒋反动派不抱幻想，不怕威胁，以革命的战争打败美蒋反动派。毛泽东告诫全党要从广大人民群众的愿望出发，力争通过和平渠道，实现和平民主。同时对蒋介石抢夺抗战胜利果实、挑起内战的阴谋要有清醒的认识，对和平不抱幻想，做好以战争求和平的准备。

琼崖共产党人面临全新的形势。琼崖抗战胜利后，究竟会走向和平还是走向内战？战后的琼崖人民渴望拥有一个和平安定的环境来休养生息，希望走上和平民主的道路。为了实现琼崖人民的愿望，琼崖党组织从人民群众的根本利益出发，在保卫琼崖人民经过艰苦奋战换来的胜利果实的前提下，积极争取和平，先后两次致电琼崖国民党当局，主动提出和平谈判的主张。国民党琼崖当局虽然想尽快消灭琼崖共产党和琼崖纵队，但是由于发动全面内战的准备尚未就绪，同时为了缓和社会舆论，欺骗和麻痹琼崖人民和一部分共产党人，便装出"和平"的姿态。如何看待当时十分复杂的琼崖局势？琼崖党内对此认识不统一，给革命工作带来很大困扰。冯白驹运用马克思主义阶级分析方法，分析了琼崖政治形势，指出了琼崖国民党当局的特点，以

及其假和平真内战的真面目，要求琼崖党组织"立足自卫，争取和平"，做好自卫战争的准备。这种分析是非常深刻的，极富洞察力的。不久，国民党军队向琼崖根据地的中心——白沙发动进攻，企图一举消灭琼崖共产党领导机关和琼崖纵队主力，琼崖内战爆发。在琼崖革命的危急时刻，冯白驹冷静分析了敌我力量对比，毅然决定提前率部挺出外线，在外线相机消灭敌人，使国民党军队的合击计划遭到破产。这是冯白驹解放思想、制定革命战术的范例，也是对毛泽东军事战略思想运用和发展的典范。

与时俱进，在实践中不断创新，是以冯白驹为首的琼崖革命领导集体将马克思主义基本原理同琼崖革命具体实践相结合制定党的方针政策的基本经验。与时俱进就是党的政策要根据时代的变化而变化，在实践中发现问题、解决问题，不断创新工作方法。在土地革命战争时期，琼崖特委深入农村开辟根据地，所制定的土地政策就具有创造性。如解决了非苏区籍红军分配土地问题，明确规定土地分配的对象、标准，通过减租方式解决地区间土地交叉问题。琼崖革命根据地的一些分配土地的办法和原则，在政策水平上超过了包括中央革命根据地在内的各革命根据地制定的土地革命纲领，体现了琼崖党组织较高的政策水平和创新精神。

解放思想是创新发展的前提和基础，创新发展是解放思想的目的。在领导琼崖革命的过程中，冯白驹始终坚持二者的有机统一，以马克思主义为指导制定了一系列正确的方针政策，做出了一系列正确决策，使党赢得了人民群众的拥护和支持，奠定了琼崖革命胜利的思想基础、政治基础和军事基础。在新的历史时期，要坚定对马克思主义的信仰，在区域发展中用马克思主义的立场、观点和方法分析新问题、解决新困难，在发展中创新，在创新中发展，不断开辟马克思主义中国化的新境界。

第三章　土地革命战争时期党对琼崖农民的思想政治教育

当国共合作的大革命如火如荼之时，1927年4月，国民党右派蒋介石突然发动了反革命政变。各地均以"清党"为名大肆屠杀共产党人和革命群众，远在我国南方的琼崖地区也不例外。4月22日凌晨，黄镇球、叶擎等根据广东省国民党当局"清党"密令，发动反革命政变。位于海口的琼崖地委和党组织机构遭到严重破坏，大批共产党员和进步人士惨死在敌人的屠刀下。中共琼崖地委①主要负责人和大部分党员在群众的掩护下，被迫转移深入农村，坚持斗争。琼崖共产党领导人王文明和陈垂斌带领中共琼崖地委领导机关转移到乐会县第四区，在农村继续坚持斗争。能否唤起农民的革命积极性，得到广大农民的支持和配合，是被迫从城市转到农村的琼崖党组织能否生存和发展的关键。面对复杂的环境和严峻的形势，深入琼崖农村的共产党人在运用马克思主义基本原理解决琼崖革命具体问题，推进马克思主义中国化、本土化的过程中，大力开展对琼崖农民的思想政治教育，使党的方针政策落地生根，推动了土地革命战争的发展。

一、党对琼崖农民进行思想政治教育的主要内容

土地革命战争时期是中共琼崖地方组织在极其艰苦曲折的斗争中

---

① 1927年6月在琼崖地委紧急会议上，决定改名为"中共琼崖特别委员会"。

发展并走向成熟的历史时期。这一时期的琼崖共产党人深入广大农村，结合当地农民群众实际，开展了广泛的思想政治教育工作。

（一）党的方针政策宣传

1927 年 8 月 7 日，中共中央在汉口召开紧急会议，确立了开展土地革命及武装反抗国民党反动派的策略总方针，从而确定了党在土地革命战争时期对农民进行思想政治教育的中心任务：发动群众，打土豪分田地；组织农民武装建立革命政权。根据中共中央和广东省委的指示，琼崖党组织广泛开展了以土地革命为中心，以制定和宣传土地政策为主要内容的思想政治教育。

在土地革命过程中，琼崖党组织结合本地实际制定了正确的土地政策，通过对党的方针政策的宣传赢得了广大农民的支持和拥护。1927 年 12 月，党在乐会四区建立苏维埃政府后，组织召开农民代表大会颁布《土地问题的临时办法》，做出下述规定：第一，土地为农会所有，但是农民具有耕种土地权利；第二，全部地主的土地（包括祖赏和公田等），除了部分交给本家耕种之外，其他土地全部上交给农会；第三，在落实户口调查、确定新的土地界线之外，自有耕地仍然由原持有人耕种管理，但必须从农会领取耕田证；第四，全部没有或已有耕地但是不足以自给自足的贫农，可据实报告农会调整分发耕种地；第五，所有一切实业，如橡胶、槟榔等一律收归农会，由区农会分配各乡农会收管；第六，所有债项一律不还，以后借贷由农会担保。

在土地分配的过程中，通过总结土地分配的经验，针对出现的问题，乐会四区农民代表大会又通过了《分配土地的具体办法》。其主要内容是："（a）将全区田产依全区人数分配，每人得二个工田外，余者归各乡苏维埃管耕，以便将来分配退伍兵士及失业工人。（b）分配田产以乡为单位，如某乡田产不敷分配者由区政府从田产剩余之乡补之。（c）田产分配以肥瘦为标准，由苏维埃判定之（因肥瘦不易分别）。（d）各家依前所耕之田分配外，余者抽出，不足者补之（视肥瘦而抽补）。（e）田产分配不论大小男女均得田耕。（f）田产分配后，死者将田收回，生者供给，但收回或供给须候收割后。（g）土地分配后，由区苏维埃发给土地使用证。"①

　　乐会四区根据"八七"会议提出的土地革命的精神，结合当地的实际情况，在土地革命实践中提出的分配土地的办法和原则，从根本上否定了封建土地所有制，满足了广大贫苦农民的土地要求。乐会四区的《土地问题的临时办法》不仅是土地革命战争时期较早的土地法规，而且与同一时期中央革命根据地以及其他革命根据地的土地政策相比，在不少方面具有创造性，体现了很高的政策水平和首创精神。

　　琼崖乐会四区的土地分配的各项办法和原则经农会公布实施以后，"农民非常满意，并且有些整个乡农会自动起来组织农民合作社共同生产者。又有一个乡农会自动起来破除一切私有观念，使各乡农民在该乡农会之下，共同生产者，共同消费者"。②中共琼崖特委高度评价了乐会四区的土地分配政策和经验，称"现在实行土地革命，当以该区为模范"。琼崖共产党人在乐会四区的革命根据地建设受到了广泛关注和好评，该区被誉为琼崖"小莫斯科"，成为整个琼崖土地革命和全琼苏维埃政权建设的典范。乐会四区的这些土地分配政策和原则公布之后，各乡苏维埃政府立即行动起来，广泛发动琼崖农民，并带领其和劣绅土豪展开斗争，从地主手中夺得土地，废除租税，焚烧田契，掀起了轰轰烈烈的分田热潮。到1928年4月，乐会四区的土地分配政策在全区各乡都得到了落实，农民推翻了对他们压迫已久的地主阶级对土地的垄断，获得了土地，挣脱了多年以来束缚在身上的政治、经济枷锁，翻身当家做了主人，整个乐四革命根据地的气象焕然一新。

------

① 《中共琼崖特委给省委的报告——琼崖最近政治情形及苏维埃建设情况》（1928年4月10日）。《琼崖土地革命战争史料选编》，1987年版，第332—333页。

② 《中共琼崖特委一月份总报告（给省委的报告第六次）——政治形势、党务工作、群众运动、军事概况》（1928年1月25日）。《琼崖土地革命战争史料选编》，1987年版，第297页。

　　此后，琼崖乐会四区土地分配的政策、方法和原则以及土地革命的经验，被中共琼崖特委推广到琼崖其他革命根据地，使琼崖广大革命根据地很快掀起了土地革命的高潮。万宁六连岭、琼东、陵水、崖县藤桥地区、定安第七区、琼山第七区、澄迈西昌等革命根据地，也都学习乐会四区的经验，使革命根据地的土地革命更加扎实地开展起来。

　　1931年3月26日，全琼地区召开第三次工农兵代表会议。会议根据中华苏维埃颁布的《土地暂行法》，制定并通过了琼崖《土地暂行法》。中共琼崖特委和苏维埃政府在执行《土地暂行法》的过程中，根据琼崖实际情况制定了一系列更加具体的土地分配政策。

　　第一，给非苏区籍红军分配土地。琼崖特委规定："（1）从过去分配剩余的土地及一切荒田和继续分配土地中来分配红军土地。（2）分配红军土地，是调查琼崖第二独立师非苏区（就是未得土地的红军）红军分配，这些分配是集体的（自然退伍红军是给他单独土地），由各地苏维埃组织红军土地管理委员会负责耕种与管理。（3）分配红军土地是以'参加战斗'的为标准的（伙夫、司书、司务）……等没有分配土地。"[①] 随着红军队伍的发展壮大，非苏区籍的红军也越来越多，对他们的土地分配问题也成为一个亟须解决的问题。中共琼崖特委和苏维埃政府为了鼓励红军英勇作战，给他们同样分配土地，并且由各区苏维埃政府组织红军土地管理委员会代为耕种和管理，这一规定显然是比较合理的。

　　第二，合理确定土地分配的数量标准。中华苏维埃《土地暂行法》规定"以大致平均分配为原则"，而琼崖特委规定根据人口和劳动力情况进行土地分配。劳动力按正式平均分配土地，非劳动力按附加田亩分配，但附加田亩不超过劳动力平均分配土地亩数的1/3。琼崖特委和苏维埃政府规定以人口与劳动力混合分配土地，在保证不能

　　① 《中共两广省委给中央的报告——呈录琼崖特委给省委报告》（1932年1月30日）。《琼崖土地革命战争史料选编》，1987年版，第256页。

劳动的人也能得到一份维持生活的土地的前提下，使每个劳动力多分得半份土地，克服了按人口平均分配和按劳动力分配两者的缺陷。

第三，保护中农利益，给地主以生活出路。琼东县委和苏维埃政府结合当地实际，规定对剥削者和反动分子，除了留下少量的土地维持其生产和生活外，其余予以没收；对祠堂、庙会的土地、富农出租的土地一律没收重新分配；富农自耕部分不没收；人均可分得土地3个到5个工田。中农人均自耕地达不到这个分配数字，就由土地委员会从没收的土地中补足，超过这个数字也不回收。富农自耕的土地在分配数字里依旧留用，但必须抽肥补瘦、抽近补远，不能让其占便宜，而超过部分则没收重新分配。地主、豪绅的家属也同样按照人口分配土地，但应该是质量差一点的地。可见，琼崖共产党人在土地分配的过程中没有没收分配中农的土地，这就维护了中农的利益。琼崖党组织的富农政策和给地主家属生活出路的做法，都是正确的。

第四，妥善处理地区间的土地交叉问题。地区间的土地交叉问题，在《土地暂行法》中没有具体规定，琼崖特委根据琼崖实际采取减租的办法处理。如"万宁七区分配土地，但万宁七区内的土地大部分是万一区中农、贫农的，租给万七贫农耕种，自然这些土地不能把来平均分配给万七贫农"，"特委以为万一中贫农在万七范围内的土地，应该减租到很低的租钱，给万七贫农耕种"。[①] 这种采取减租的办法解决土地交叉问题，是对《土地暂行法》规定的土地分配区域标准的一种重要补充，对当时解决琼崖土地革命中不少地方出现的地区间土地交叉问题起到了非常好的示范效果。

琼崖共产党人制定的上述土地政策，由于结合农民的实际需要，经过党的宣传鼓动，广大农民纷纷起来参加到土地革命的洪流中。到1932年夏天，从新区到老区，从东路到中路、西路，琼崖各个革命根据地都掀起了土地革命的高潮，激发了农民群众投身生产、参与革

---

① 《中共两广省委给中央的报告——呈录琼崖特委给省委报告》（1932年1月30日）。《琼崖土地革命战争史料选编》，1987年版，第257页。

命的热情，极大地解放了农村生产力，激发了广大农民群众的生产和革命积极性。

（二）阶级意识教育

长期以来落后的生产方式和封建思想的长期禁锢使琼崖农民阶级形成了落后保守的特点。这种阶级局限性使他们长时间内很难认清剥削阶级的面目，更不会同剥削阶级对立起来，投身斗争。为了在琼崖农民头脑中灌输阶级思想，提高其阶级觉悟，使之由自在阶级转变为自为阶级，并能够借助整个阶级的力量用革命来维护自己的利益，琼崖党组织在土地革命战争时期对农民开展了阶级意识教育。

中共广东省委对琼崖的阶级斗争十分重视并给予琼崖特委及时指导。1927 年 9 月 13 日，在《中共广东省委关于琼崖暴动工作给琼崖特委的指示信》中指出："在琼崖的工作，切不可使其变为纯粹的军事行动，一定要含着明显的阶级斗争的意义。"① 在《中共广东省委复琼崖特委信——关于深入土地革命、发动农民暴动问题》中又指出："如果是用军队去攻取乡村或城市时，也必须先在这些乡村城市的工农群众有广大的宣传煽动工作，有很高的阶级仇恨的情绪"，"我们以后的工作，应该切实注意兵士、土匪、民团的群众，因为这些群众便是受他们的长官或土匪头目压迫的，我们应从中去做阶级的宣传煽动的工作，爆发他们内部的阶级的仇恨"。② 广东省委的指示明确指出了对农民阶级意识灌输的重要性，说明了斗争必须是群众的、武装的，斗争要在群众对敌人仇恨最高时发动，群众工作必须要提高群众的阶级意识，激起群众的阶级仇恨，如此才能发动群众斗争，创造出真正的群众力量。

根据广东省委的指示，琼崖特委在阶级意识教育工作中坚持以消

---

① 《中共广东省委关于琼崖暴动工作给琼崖特委的指示信》（1927 年 9 月 13 日）。《琼崖土地革命战争史料选编》，1987 年版，第 1 页。

② 《中共广东省委复琼崖特委信——关于深入土地革命、发动农民暴动问题》（1927 年 1 月 20 日）。《琼崖土地革命战争史料选编》，1987 年版，第 8—9 页。

灭地主阶级、推翻豪绅统治为主要目的，努力变农村的战争为阶级的战争。

首先，教育琼崖农民认清剥削阶级的真面目。琼崖特委在 1929 年 12 月 10 日发布的《琼崖苏维埃政府布告》中指出："琼崖的豪绅地主资产阶级国民党，这三年以来，压迫、屠杀工农群众无所不用其极，勒办民团，施行保甲、强迫移民、罚款派饷、苛捐杂税层出不穷，种种罪恶罄竹难书。本政府当此紧急关头，应就领导全琼崖群众起来肃清一切反革命势力，解除种种痛苦，完成夺取琼崖的任务。"[①] 琼崖特委组织宣讲队进入田间地头，挨家挨户告诉农民：国民党反动派和地主阶级不但不能代表他们的利益，反而为了维护自身利益，将一切苛捐杂税堆积到农民头上；实行"剿共"捐，进行高利贷抽剥；地主阶级用尽一切办法掠夺农民群众的田地，甚至借助国民党反动派的武装力量强行没收农民土地。每逢旧历年关，琼崖特委号召党员利用旧历年关拜年、探亲的机会深入各家各户与农民进行个别谈话，手拿《平民小报》等浅显易懂的宣传册，告诉农民每到年关，地主阶级、土豪劣绅对他们进行更加疯狂的催租逼债的现实，告诉他们所受的苦难源于阶级的压迫。宣讲队还向农民提出"不交租"、"不还债"、"不纳税"、"不缴民团费"等一系列与农民切身利益相关的口号来反对地主阶级的剥削，揭露国民党反动派和地主阶级的真面目。

其次，培育农民阶级革命斗争意识。在封建地主阶级和国民党反动派的长期压迫下，琼崖农民缺少站起来同剥削阶级做斗争的意识。对于这种情况，琼崖共产党人告诉农民：共产党才是真正代表广大劳苦群众根本利益的政党，广大工农群众才是他们真正的朋友，一切勾结帝国主义的军阀、官僚、买办阶级、大地主阶级是他们的敌人，而进行土地革命的目的，就是要联合朋友，推翻敌人的统治，只有站起来进行阶级革命，推翻剥削阶级的统治，农民才能获得土地，获取自

---

① 《琼崖苏维埃政府布告（第三号）》（1929 年 12 月 10 日）。《琼崖土地革命战争史料选编》，1987 年版，第 380 页。

身的解放。冯白驹在《琼崖群众对琼崖苏维埃第二次代表大会应有的认识》中告诉农民群众："琼崖苏维埃政府是琼崖工农兵以及一切劳动群众的政府，它是代表工农兵以及一切劳苦群众的利益，领导琼崖广大劳苦群众向反动统治国民党政府做阶级斗争的唯一集团。……在现时全琼崖的危机是在日益深入，反动统治的分裂和崩溃是在日益尖锐，社会经济是在日趋破产，革命斗争是在日益向前开展。"他指出："琼崖的广大劳苦群众必须决心彻底地一致动员起来，武装起来，站在苏维埃的旗帜之下，站在苏维埃第二次代表大会的领导之下，环绕在苏维埃的周围，团结和集中力量向琼崖的反动统治阶级作激烈的进攻，摧毁反动统治的封建势力，爆发伟大的革命斗争。"冯白驹强调："深入土地革命，发展苏维埃区域，建立苏维埃政权，……完成全岛苏维埃政权这才是琼崖广大劳苦群众的正确出路。"[①] 凡是琼崖共产党人所到之处，都手拿标语或传单向群众宣传，提出"农民一致起来暴动"、"打倒一切豪绅地主反动派"、"建设苏维埃政权"、"农民士兵解放万岁"等一系列含有明显阶级斗争意识的口号，发动农民武装起来同剥削阶级做斗争。

最后，鼓励农民群众入党，提高其阶级觉悟。受到四二二反革命政变的影响，琼崖特委机关受到严重破坏。在党的工作重心由城市转向农村以后，琼崖特委在乡村积极重建基层党组织，不断吸收农民阶级入党，通过党内教育这种方式提高农民的阶级觉悟。1931 年 10 月22 日发布的《中共琼崖特委通告（第三十七号）——召集全琼第五次代表大会》指出："被选代表的条件：被选之代表，工人、雇农、贫农应占十分之八，并且要在斗争中表示坚决勇敢忠实的。"[②] 在选举过程中，党吸收了部分阶级意识坚定、斗争坚决勇敢的农民到党组织中来。另外，琼崖党组织建立党员培训班，对党内农民出身的党员

---

① 冯白驹：《琼崖群众对琼崖苏维埃第二次代表大会应有的认识》（1930 年 7 月 10 日）。《琼崖土地革命战争史料选编》，1987 年版，第 403—404 页。

② 《中共琼崖特委通告（第三十七号）——召集全琼第五次代表大会》（1931 年 10 月 22日）。《琼崖土地革命战争史料选编》，1987 年版，第 474 页。

进行经常性、针对性的教育。教育方式多种多样，比如：举办负责同志训练班、普通同志训练班、在小组会议时做口头的训练、普遍的训练、个别的训练等。通过这些方式，使他们了解党的政策主张与策略和目前琼崖革命的路线与动力。琼崖特委一方面利用中共中央、广东省委送来的书刊和宣传册，另一方面通过党内刊物，如《琼崖红旗》、《工农兵小报》、《布尔什维克生活》、《党团生活》等提高其政治理论水平。

琼崖苏维埃政权中农民阶级出身的人员数量不断增加。《中共广东省委致琼崖特委信（琼字第三号——实现全岛割据的工作方法）》指出："工农分子参加指导机关问题，必须洗刷形式主义之错误，怎样使参加指导机关之工农分子得到实际工作之参加，与理论的训练，特委必须解决这些问题。"[①]至 1931 年 4 月，召开全琼工农兵第三次代表大会时，参加大会共 158 人，其中雇农 9 人、贫农 90 人、中农 31人。[②] 通过工农兵代表大会上有关党的策略路线、土地问题、工农武装等问题的讨论以及党的政策宣传，有效地提高了农民群众的思想政治素养和阶级觉悟。

（三）革命形势教育

土地革命战争时期，琼崖农民文化水平极其低下，加上国民党不断进行反动宣传，混淆视听，琼崖农民群众难以认清国民党反动派的真面目。不加强革命形势的教育，不及时揭露国民党反动派的本质，就不能发动农民积极参加革命斗争。

在四二二反革命政变后，琼崖国民党在全琼推行反共反人民的政策。此时党对琼崖农民的革命形势教育主要侧重于揭露国民党反动派

---

① 《中共广东省委致琼崖特委信（琼字第三号）——实现全岛割据的工作方法》（1928 年5 月 19 日）。《琼崖土地革命战争史料选编》，1987 年版，第 58 页。

② 参见《琼崖苏维埃政府给中华苏维埃筹备委员会信——琼崖革命形势、群众组织、红军和经济概况及全琼工农兵第三次代表大会经过》（1931 年 4 月 10 日）。《琼崖土地革命战争史料选编》，1987 年版，第 421 页。

的真面目，发动农民进行武装反抗。琼崖地委领导机关转入农村后，1927年6月，立即在乐会四区召开紧急会议。会议当即指出：必须深刻揭露国民党反动派屠杀共产党人和人民革命群众的滔天罪行，号召琼崖人民拿起武器坚持斗争。琼崖六月紧急会议针对革命形势宣传工作做出明确指示：广泛揭露蒋介石叛变革命残酷屠杀革命群众的罪行，继续宣传孙中山先生的三大政策；在农村积极发展革命群众组织，同时建立农民革命武装，以革命的红色恐怖反抗国民党的白色恐怖。1927年9月，中共琼崖特委接到广东省委《关于琼崖暴动工作指示信》、《革命委员会宣言》和《南方局宣言》等重要文件。文件指出：在革命宣传方面：扩大反对汪精卫和蒋介石的宣传。根据一系列会议的要求，琼崖共产党连续发布揭露国民党反动派的布告，深刻地揭露国民党反动派残酷剥削广大劳苦群众的事实，指出群众受苦受难的根源所在，让广大群众认识到只有跟着共产党走，深入开展土地革命，建立自己的武装，粉碎国民党的统治才能彻底地解放自身。在一系列揭露国民党反动派真面目和建立农民武装的革命形势教育下，琼崖共产党人带领农民群众拉开了武装反抗国民党反动派的序幕，给琼崖反动派以沉重的打击。到1928年年初，在党的领导下琼崖迎来了第一次土地革命的高潮，形成了一批以乐会四区为中心的革命根据地。

　　1930年，琼崖迎来了第二次土地革命的高潮。党抓住琼崖高涨的革命形势，对农民进行了坚定革命信念教育。1930年9月5日发布的《琼崖苏维埃政府布告（第二号）》指出："目前全国革命形势，有一日万里的向前猛进，首先争取一省至数省政权的胜利，造成苏维埃的中国。琼崖在这巨大浪潮的推动下，革命斗争，日益走向高潮的前途。……我们工农劳苦群众应一致起来，拥护全琼工农兵第二次代表大会的一切决议，实行苏维埃政纲及劳动保护法、土地暂行法，加紧准备武装暴动，推翻帝国主义、豪绅地主、国民党的统治，完成琼崖苏维埃政权，争取全省全国的革命胜利。时机到了，曙光在前，猛进吧！冲锋吧！"①该布告分析了全国斗争形势，指出随着全国革命形势高涨，琼崖革命形势也在发展，号召广大劳苦大众团结起来积极拥护琼崖土地政策，深入开展土地革命，建立苏维埃政权，争取革命的胜利。在1930年11月17日，在俄国十月革命胜利十三周年之际，琼崖特委发表《红军第二独立师为十月革命纪念告群众书》，指出："我们纪念十月革命，应该认识十月革命的伟大和胜利，是开辟人类历史的新道路"。"在现时全国革命斗争已经迫近新的高潮"，"我们不仅在形式上来纪念十月革命，而是应该与全世界无产阶级以及一切被压迫的人民一样地一致动员起来，实际武装暴动，杀戮豪绅地主以及一切的反动派，发展到整个推翻国民党统治。"②党的革命形势教育对广大农民群众起到了巨大的鼓舞作用，让他们看到了琼崖革命的前途和希望，坚定了其对于革命必胜的信念，坚定了其跟党走的决心。

二、党对琼崖农民进行思想政治
教育的具体途径

土地革命战争时期，党在琼崖通过多种具体途径，开展思想政治教育，发动琼崖农民投身到土地革命中来。

（一）文字宣传

1. 期刊报纸宣传

土地革命战争时期，琼崖共产党人在极其艰难的条件下，创办各种油印报刊，宣传中国共产党的各项方针、政策，进行革命宣传和鼓动，以推动土地革命和创立苏维埃政权的斗争。

---

① 《琼崖苏维埃政府布告（第二号）》（1930年9月5日）。《琼崖土地革命战争史料选编》，1987年版，第407页。

② 《红军第二独立师为十月革命纪念告群众书》（1930年11月17日）。《琼崖土地革命战争史料选编》，1987年版，第411页。

中共琼崖特委先后出版了机关报《红潮周报》、《琼崖红旗》和《特委通讯》、《布尔什维克生活》等内部刊物；琼崖苏维埃政府先后办有《工农兵》、《琼崖苏维埃》等报刊；共青团琼崖特委先后办有《少年旗帜》、《团的生活》、《真话》等报刊；琼崖少年先锋队总队部先后办有《少年先锋》、《赤光报》等报刊；中共海府地区党组织先后办有《海口工农兵》、《冲锋》等刊物；琼崖互济会办有《互济月刊》；另外还有许多其他种类的刊物在公开发行，比如，《领导》、《新潮》、《平民小报》、《贫民小报》等。这些报刊，有如下明显特点：一是报与刊没有严格区别，报中有刊，刊中有报，多数报刊都把宣传性、报道性、理论性融为一体，或册式、或报式，不拘一格；二是这些报刊普遍注重通俗化，面向基层，适合向工农群众进行宣传鼓动的需要；三是在战争环境中，多数报刊出版寿命都较短，印量也少。

《红潮周报》是中共琼崖特委于 1927 年 12 月创办的机关报，公开发行，主要内容是宣传中共的各项方针、政策，报道全琼各地武装暴动、建立苏维埃政权的消息，逢周六出版。至 1928 年 1 月 28 日已出版 8 期，每期印 2000 份左右。同年 1 月 21 日为列宁逝世 4 周年纪念日，该报出版了《纪念列宁特刊》。1928 年 1 月 9 日琼崖特委在《中共琼崖特委十二月份总报告——暴动情况及党的组织、宣传、经费问题》中谈到宣传问题时指出："现特委已出版有对外刊物，名曰《红潮周报》，甚为社会所欢迎，每期出二千份（因油印不能多印），现已出至第四期。"①

《琼崖红旗》是中共琼崖特别委员会宣传部主办的特委机关报，是一本用土纸印刷装订的刊物。《琼崖红旗》于 1930 年建党节首次发刊。该报主要职责是为海南地区的各级苏维埃政府、革命武装力量、工人农民的革命活动，提供力量指导和政策辅助，至 1932 年 1 月已

---

① 《中共琼崖特委十二月份总报告——暴动情况及党的组织、宣传、经费问题》（1928 年 1 月 9 日）。《琼崖土地革命战争史料选编》，1987 年版，第 290 页。

出版 15 期。《琼崖红旗》主要从以下几个方面组织宣传内容：第一，分析判断形势、明确革命任务。比如，琼崖特委负责人冯白驹曾在《琼崖红旗》发表了专门文章，对苏维埃政权进行解读，并对其指导革命发展的重要性进行阐述。冯白驹指出：在根据地建立以后，党主要有两个方面的任务：一是开展好土地革命，维护穷苦群众利益，建立群众基础，进一步巩固红色政权；二是吸纳群众入伍，充实革命队伍，以更好地与反动派等反革命势力进行斗争，将革命进行到底。第二，让群众了解到党的各项好政策。为了在群众中普及土地革命政策，《琼崖红旗》专门编制了《土地革命宣传大纲》对政策进行解读，方便群众了解和掌握。第三，传播胜利信息，鼓舞人民斗志。比如，中央根据地第三次成功打破蒋介石的重重"围剿"后，《琼崖红旗》就立即发刊对这一胜利进行了宣传，提振琼崖地区武装力量的革命信心。第四，曝光侵略丑行，呼吁全民反帝。这时期，主要是对日本关东军的种种罪行进行曝光和批判。该刊转登中共"两广"省委"关于反对日本帝国主义武装侵占东三省的宣言"，并编发《九一八惨案宣传鼓动大纲》，向干部群众披露九一八事变的真相，号召全琼人民行动起来，声讨日本帝国主义侵略中国的罪行，抗议蒋介石对外投降、对内反共的行径，积极投入抗日救亡运动。从 1928 年琼崖地区苏维埃政权建立到 1930 年《琼崖红旗》创刊以来，琼崖的各级党组织带领当地受压迫人民群众和各种反动势力进行了坚决彻底的斗争，先后在定安县等五个地方建立了苏维埃政府或红色根据地，并在根据地开展土地革命，为人民谋福利。

　　《工农兵》主要是对当前国际红色革命形势和国内革命运动情况进行介绍，对蒋介石政府欺骗人民，打击共产党，意图搞独裁的流氓行为进行谴责。该报曝光了大量的地方反革命政权欺压人民群众、作威作福的丑陋行为，同时号召海南各地人民团结起来，开展土地革命和武装暴动，建立苏维埃政权。

　　《团的生活》是在中共琼崖特委领导下，由共青团琼崖特委宣传部出版的刊物，至 1931 年 10 月 30 日已出版 7 期。该刊宣传国内外革命斗争形势，鼓励广大共青团员、热血青年，报名参军，反抗压迫。

1930 年，中共琼崖特委在给广东省委的报告中，谈及出刊物问题时明确指出："出版物的份数及内容与在群众中的影响：琼崖公开的出版物有《领导》、《光线》、《苏维埃》、《工农兵》这四种是册装，内容多是革命理论和政治宣传，不大深入一般群众读者的兴趣；此外有《平民小报》、《新潮》、《贫民小报》这三种是报纸式多是地方政治消息煽动，很适合群众注意观览。总之，琼崖的印刷技术颇好，上面这些出版物，不但在群众中影响颇大，即反动派都是非常注意，但是印刷的份数少，不能多到群众中去。"[①]

2. 标语宣传

标语宣传具有很强的政治宣传、政治引导和政治动员功能。党在琼崖土地革命战争时期很好地利用标语这种宣传方式对广大琼崖农民进行宣传教育。

1928 年 9 月 25 日，中共广东省委、团广东省委致信琼崖特委，指出："乡村的宣传工作，亦须尽力扩大到组织所不及的地方，但自然不像城市一样多靠文字刊物，而应当多靠揭贴、简单的标语、歌曲或谈话，可以适合于农民群众之要求。圩场出入口之标贴，是最能影响周围乡村的。"[②] 根据广东省委的指示，党在琼崖农村展开了标语宣传，具体内容主要有宣传苏维埃政权、宣传马克思主义和列宁主义以及反对地主阶级、国民党反动派三个方面。

关于宣传苏维埃政权的标语。这类标语主要有"建设琼崖苏维埃政权"、"为苏维埃政府彻底胜利而奋斗"、"建立自己的政权——工农兵苏维埃政权"、"工农兵解放万岁"、"建设中华苏维埃共和国"等。

[①]《中共琼崖特委给省委的报告——目前各项工作情况及特委重建几月来工作状况》（1930 年 2 月 1 日）。《琼崖土地革命战争史料选编》，1987 年版，第 395 页。

[②]《中共广东省委、团广东省委致琼崖特委信——最近政治形势与党的政策，琼崖过去的工作教训与今后任务》（1928 年 9 月 25 日）。《琼崖土地革命战争史料选编》，1987 年版，第 121 页。

关于宣传马克思主义、列宁主义类标语。这类标语内容主要有："共产党万岁"、"拥护无产阶级的祖国苏联"、"列宁主义胜利万岁"、"实行共产主义，反对国民党反动派"、"拥护世界大本营苏联"、"十月革命胜利万岁"、"苏联胜利万岁"等。

以上两类标语具有传播主导意识形态、提高农民政治觉悟的效果。在土地革命战争时期，建立琼崖苏维埃政权是琼崖根据地建设的主要政治任务。在建设和发展根据地的过程中，各级苏维埃政府实行工农民主专政。这些专门宣传苏维埃政权建设和共产主义的标语，一方面十分明确地指出了共产党是为劳苦大众谋利益的无产阶级政党；苏维埃政权是代表工农阶级利益的，是消除所有剥削和残余剥削，为劳苦群众谋求利益的政府，使革命根据地的广大农民群众充满了当家做主人的自豪感；另一方面体现出共产党人是旗帜鲜明、信仰坚定的共产主义战士，直接传达了马克思列宁主义的思想内容。通过包括标语在内的广泛宣传，逐渐唤醒了长期受到封建思想影响的农民群体，使其逐渐认识了共产党，了解了苏维埃政权。他们逐渐由琼崖革命根据地的观望者转变为根据地的积极建设者。

关于宣传反对地主阶级、国民党反动派，实行土地革命类的宣传标语。这类标语主要有："没收一切土地归农民"、"杀尽豪绅地主及一切反动派"、"推翻豪绅地主阶级的统治"、"反对国民党进攻苏区"、"实行土地革命"、"不缴租、不还债、不交民团费"、"推翻反革命的国民党政权"等。这类标语具有传播斗争意识、挑起琼崖农民的阶级斗争情绪的效果。这类标语一方面直接指出琼崖农民在长期受到剥削和压迫后对新世界和新制度的向往，另一方面教育农民，只有跟着共产党进行武装革命，才能获得自身解放。类似"推翻国民党统治"、"推翻豪绅地主阶级统治"这一类标语口号鼓动性极强，能够直接燃起琼崖农民的阶级斗争情绪，达到发动农民跟党革命的目的。

此外，琼崖共产党对标语的内容也有明确规范。在1931年8月10日发布的《琼崖苏维埃政府通令（第十一号）》中指出："标语是根据政治经济有合于革命性的语言书写成简要警惕的文字宣传与鼓励,同时要站在无产阶级的立场上而合时间空间性的。……本政府特通令各级苏维埃各革命团体,以后关于张贴标语,须依照本政府所印发的口号书写张贴。如要书写当地情形的标语,须详细讨论指出,交上级阅核后才书贴,不宜随随便便地写贴为要。"① 严格规范的标语有利于提高标语宣传的效果。

土地革命战争时期,党在琼崖的标语宣传起到了很好的作用。1930 年,中共琼崖特委给省委的报告中指出:"琼崖自十月革命纪念后,传单标语的发散都继续不断地进行,而且很普遍,主要的内容口号是目前党的四大任务及当地当时的鼓动口号,发散传单,标语的影响甚大,一方面提高群众的勇气,另一方面都是每次发传单标语引起反动派恐慌。"②

(二) 口头宣传

大革命失败以后,琼崖群众的革命热情相对低落。最能直接发动群众,感染群众的宣传方式就是面对面的口头宣传。中共琼崖特委组织建立宣传队、宣讲队,深入田间地头,跟农民群众进行面对面的交谈,直接向他们宣传党的土地革命政策和革命道理。

1928 年 1 月 9 日,中共琼崖特委在谈及群众宣传工作时指出:"琼崖因为印刷机关缺乏,有亦为反动派所占据,刊物无机器可印,兼之自事变后,港口交通又为敌所断,革命刊物无法传入,宣传甚形困难,当时我们所赖以鼓吹民众的只有口头而已","各县市区委下皆设宣传队,随时在乡间宣传。总之,琼崖民众,除了海口、府城、嘉积以及敌人所占领之城市外,民众宣传皆为我们所包办。而民众对我

---

　　① 《琼崖苏维埃政府通令(第十一号)》(1931 年 8 月 10 日)。《琼崖土地革命战争史料选编》,1987 年版,第 436 页。

　　② 《中共琼崖特委给省委的报告——目前各项工作情况及特委重建几个月来工作情况》(1930 年 2 月 1 日)。《琼崖土地革命战争史料选编》,1987 年版,第 395 页。

们的宣传，甚为接受"。① 同年 1 月 25 日，中共琼崖特委在总结对外宣传工作时又指出："各县市区委支部领导下之各种民众团体皆有组织，每逢民众大会，或各种节期，分散各乡村街市演讲。"② 可见，党对口头宣传是非常重视的。

与文字宣传一样，口头宣传是共产党向农民进行思想政治教育的重要方式之一。口头宣传相比其他宣传方式的优点体现在更直接地面对更多的农民群众。这一时期的口头宣传主要有以下几个特点。

第一，宣传内容简单通俗。受农民文化水平的制约，这一时期的琼崖共产党人对农民进行口头宣传时注意将党的革命理论和土地革命政策转化成通俗易懂的语句。比如，在进行土地政策宣传时，有很多农民存在着矛盾心理：一方面渴望土地，另一方面由于长期受到封建地主阶级的压迫，头脑中存在着宿命论的观念，认为穷人是天生的，不敢通过革命方式获得自己的土地。这时，冯白驹等党员就解释道：土地不是天生就分给地主的，而是农民朋友辛辛苦苦种出来的，结果被地主阶级强占，现在要回土地是理所应当的事情；富人也不是天生的，是靠掠夺农民朋友的土地，剥削农民的财富成为地主阶级的。如此就逐渐打开了农民群众的心结。

第二，语言方式幽默风趣。土地革命战争时期，党领导的琼崖农民武装受到国民党反动派的两次"围剿"。一些农民群众在革命低潮时对革命失去信心，对共产党失去信心。面对这种低迷的革命情绪，冯白驹指出：敌人把我们困在这山区的炼丹炉中，我们就像孙大圣一样，练就火眼金睛，钢筋铁骨，待日后我们冲破炼丹炉，我们就会更加神通广大了。冯白驹还把白居易的《古原草》改编成《母瑞山野火》：莽莽母瑞山，敌困我自强；野火扑不灭，春风吹又旺。冯白驹以这种幽默风趣的话语指出琼崖革命的光明前途，坚定了人们在极端

---

① 《中共琼崖特委十二月份总报告——暴动情况及党的组织、宣传、经费问题》（1928 年 1 月 9 日）。《琼崖土地革命战争史料选编》，1987 年版，第 290—291 页。

② 《中共琼崖特委关于宣传工作的报告》（1928 年 1 月 25 日）。《琼崖土地革命战争史料选编》，1987 年版，第 293 页。

恶劣的革命斗争环境中的革命必胜信念。

土地革命战争时期，琼崖共产党人利用口头宣传方式，将晦涩难懂的革命道理转化为农民群众更容易接受的文字，受到了广大农民群众的欢迎。琼崖特委在谈及农民宣传工作问题时指出："农村的宣传工作与接受的程度：农村宣传方式，多是派员与农民个别谈话，训练农民，以及公开散发传单宣言并各种宣传品，在各种纪念节扩大宣传，现又编成一种浅俗的革命读本教育农民，土地政纲对各地农民解释甚少，不过指出过去分配土地的错误与今后分配土地的原则，农民表示得很好。"①

总之，土地革命战争时期，党在琼崖根据农民群众文化程度不高以及党的印刷设施不足等情况，特别重视口头宣传。这对广大农民群众了解党的土地政策，加强对党的正确认识起到了很大的作用。

（三）文艺宣传

文艺宣传具有渗透性强、影响持久以及形象生动直观等特点。它将思想政治教育同文艺宣传有机地结合，可以使思想政治教育更加生动活泼，更具有吸引力，具有"润物细无声"的效果，使农民群众在不知不觉中受到熏陶。

在土地革命战争时期，琼崖共产党人注意运用戏曲、歌舞等文艺形式对琼崖农民进行思想政治动员。1929 年琼崖特委东路红军组织成立的琼崖红军剧团。团长为林树全，演员有蔡永莺、陈世经、纪永凤、谢维保、纪永全等 30 多人。他们排演《打倒白色恐怖》、《原形毕露》、《仇敌鸳鸯》、《双自由》、《烈女报夫仇》等剧目，配合土地革命战争进行宣传。该剧团随后随东路红军转入革命根据地六连岭。1932 年，国民党军队对六连岭苏区发动"围剿"，东路红军剧团离开六连岭，转到乐会、琼东一带，在白区开展宣传活动。在琼崖革命根

---

① 《中共琼崖特委给省委的报告——目前各项工作情况及特委重建几个月来工作情况》（1930 年 2 月 1 日）。《琼崖土地革命战争史料选编》，1987 年版，第 392 页。

据地比较有影响力的剧团还有乐会四区苏维埃政府组建的世京、永鸾两个琼剧团，主要演出《蔡锷出京》、《大义灭亲》等剧目。

在土地革命战争时期，党在琼崖的文艺宣传主要有以下几个特点。

第一，鲜明的时代性，为土地革命战争服务。这一时期的文艺宣传主要围绕土地革命的中心任务展开。一方面，揭露国民党反动派和封建地主阶级剥削农民的真面目，如琼崖红军剧团表演的《打倒白色恐怖》、《原形毕露》等剧目。另一方面，宣传共产党关于土地革命的方针政策，比如世京剧团演唱的由王文明编写的歌曲《共产主义十好》等。这些歌曲和剧目用具体、生动、可感的艺术形式宣传了共产主义，揭示了国民党反动派和地主阶级的剥削本质，通过潜移默化的方式将阶级观念灌输到琼崖农民的思想意识之中，启发了他们的阶级觉悟，起到了有力的政治动员作用。

第二，强烈的鼓舞性，激发农民群众的革命斗志，坚定其革命信念。比如剧目《蔡锷出京》，通过有血有肉、生动感人的人物形象，再现了蔡锷将军机智地逃脱袁世凯监控，成功发动护国战争的事迹。它教育农民群众无论在多么严峻的斗争形势下，也要坚持同敌人做斗争，鼓舞了广大农民群众坚持将土地革命进行到底的战斗意志。

总之，土地革命战争时期，党在琼崖通过各种形式的文艺演出，向广大农民群众和革命者传达革命理论，传播革命精神。这种用戏曲、歌舞等文艺形式宣传党的方针、政策的做法，深受农民群众喜爱。这不仅有利于激发他们的革命热情，同时也有利于其在娱乐之余振作精神，积蓄革命力量。

三、党对琼崖农民进行思想政治
教育的基本经验

党在琼崖土地革命战争时期通过卓有成效的农民思想政治教育工作，开辟和发展了琼崖革命根据地，积累了丰富的农民思想政治教育经验。这对新时期做好农民思想政治教育工作，具有重要借鉴意义。

（一）做好农民思想政治教育工作必须以党的正确政策为保障

党的正确政策是争取广大农民最有力的工具。党的正确方针政策是争取农民拥护和支持、做好农民思想政治教育工作的前提和重要保障。毛泽东在 1948 年 3 月指出："只有党的政策和策略全部走上正轨，中国革命才有胜利的可能。政策和策略是党的生命，各级领导同志务必充分注意，万万不可粗心大意。"[①]

琼崖共产党人之所以能够在极其恶劣的自然环境和政治环境下，赢得农民拥护，使党能够在农村生存和发展，根本原因在于党在琼崖土地革命战争时期制定了符合琼崖实际的土地政策，让农民群众有获得感。在琼崖两次土地革命高潮中，中共琼崖特委制定的《土地问题的临时办法》和《土地暂行法》中有许多具体规定体现出了很高的政策水平。比如关于没收土地问题，提出"没收一切地主阶级土地及公田"，而不是"没收一切土地"；在没收地主阶级土地的同时，给地主阶级家属重新分配土地，给其生活出路；在维护自耕农和中农利益问题上，没有没收分配中农的土地；在处理地区间土地交叉问题时，采用减租的办法处理。土地革命战争时期中共琼崖特委从实际情况出发，所制定的土地政策克服了其他革命根据地土地政策的缺点，对动员琼崖农民参加和支持革命斗争发挥了重大作用。

历史是一面镜子。中国共产党成立以来，一直高度重视"三农"工作，把解决农村、农业和农民问题作为革命和建设的首要问题，依据不同历史阶段的任务，制定了不同的农村政策。在新民主主义革命时期，党通过制定正确的农村土地政策，解放了农村生产力，激发广大农民群众革命积极性，得到了农民群众的支持和拥护。新中国成立后的一段时间，受到"左"倾错误的影响，党的农村政策严重违背了

---

① 《毛泽东选集》第 4 卷，人民出版社 1991 年版，第 1298 页。

生产力发展的客观规律，和实际情况不相适应，导致农村生产力和农民生活水平的严重停滞。改革开放后，党中央及时纠正错误，在农村实行家庭联产承包责任制，再次将农民生产积极性调动起来。进入 21世纪以来，党将解决"三农"问题作为全党工作的重中之重，实施取消农业税、工业反哺农业、推动城乡一体化、建设新农村等一系列农村新政，进一步释放农村生产力，调动农民投身生产的积极性，促进了农村经济社会的发展。

回顾党领导琼崖土地革命战争的历史，乃至整个党的历史，我们不难发现：党的政策正确与否，是关系到革命、建设和改革事业成败的关键；是关系到能否赢得广大人民群众拥护和支持的关键；是关系到中国共产党是否具有生命力的关键。只有以正确的政策作保障，党对农民思想政治教育才更加具有说服力。

（二）做好农民思想政治教育工作必须以农民实际需求为出发点

从农民的实际需要出发，是党在琼崖土地革命战争时期对农民进行思想政治教育取得巨大成功的关键因素。中国共产党是全心全意为人民谋利益的政党，党在琼崖土地革命战争时期通过党的方针政策教育，减轻农民负担，帮助农民发展生产；用阶级意识教育帮助农民认清剥削阶级的本来面目；用革命形势教育使农民认清革命形势，坚定革命信念。这些思想政治教育内容都以土地革命战争时期农民的实际需求为出发点，将党对农民的思想政治教育与农民瞧得见摸得着的实际利益充分结合，因而赢得了广大农民群众的拥护。以农民为主要对象的思想政治教育工作，如果脱离了农民的实际需求，就失去其根本意义和价值。从农民群众最根本最切身的需要出发，就是要解决农民群众心系的现实问题。农民思想政治教育要始终以农民所关心的现实问题为出发点和落脚点。琼崖土地革命战争时期是如此，当前也是如此。

首先，要对高度重视农民问题。农民问题既和历史有关，又和现实有关。我国自古以来以农得以立国，农民是中国社会的构成主体。在中国如果不了解农民，就不能完全了解中国历史和社会；只有能妥善处理与农民相关的问题，才能把握中国命运和未来。在全面深化改革的今天，我国还有超过 6.4 亿人口常驻于农村，城镇内还有近 2.6 亿农民工，农民依旧是我国社会的基础构成。农民问题依旧是中国的基本问题。能否妥善解决这一问题，直接关系到中国特色社会主义事业发展的大局。

其次，要了解农民的现实需求。解决农民问题的前提是要解决农民的思想问题，而思想问题又源自实际生活需求。唯有充分注意并逐渐满足农民需求，才能使思想政治教育收到实效。当前农民最关注的问题主要有：

第一，土地保障。土地是农民得以生存及发展的根基，在今天土地问题依旧是农民群众最为关注的问题。土地制度是与农民群众切身利益联系最为紧密的基础性制度，也是农村其他制度的核心。党的十一届三中全会以后，我国废止了人民公社制度，实行了家庭联产承包责任制，调动了广大农民投身生产的积极性。但是近年来，随着城镇化的不断推进，农村又出现了新的土地问题，多数农民担心丧失赖以生存的土地，人地之间矛盾变成当前农村的突出矛盾。农业部数据表明，最近两年内至少六成农民上访都是因为土地问题。倘若不能妥善处理好土地问题，不能满足农民的土地保障需求，思想政治教育就会成为空话。

第二，提高收入。农民群众是否满意党的方针政策，是否拥护党员干部，关键在于农民对提高收入的需求是否满足。当前，深化农村改革、发展农村经济、提高农民群众收入是农村工作的最大实际。农民思想政治教育也必须基于这一实际，加以引导并提供服务，及时帮助广大农民处理好由于改革和发展而产生的各种新矛盾、新问题，为农民群众去除思想负担、扫清障碍。

第三，改善民生。农民的民生问题直接关系农民幸福与否。长期以来，因为我国城乡存在特殊二元结构，城市和农村的资源配给存在极大差异，致使城乡差距日趋显著，农民群众享受的生活条件和发展空间远远小于城内居民。城乡二元结构是限制城乡发展一体化的最大障碍。唯有不断完善体制机制，形成工业促进农业、城市带动乡村、工农互助互惠、城乡融合一体的新型城乡关系，才能促使农民群众在社会主义现代化建设中以更加平等身份参与建设，分享成果。唯有及时解决农民群众的民生问题，党的农民思想政治教育工作才可有效地开展起来。

做好新时期的农民思想政治教育工作，必须坚持和农民群众物质利益相结合这一基本原则，制定正确的方针政策，满足农民群众关心的利益需求。要通过大力发展农村经济，让农民获得实实在在的物质利益。只有将农民群众切实关注的核心利益问题为出发点和落脚点，将这一工作与党的其他一系列工作相结合，农民思想政治教育工作才具有号召力。

（三）做好农民思想政治教育工作必须不断丰富教育途径和载体

丰富多样的思想政治教育形式是提高农民对于思想政治教育内容接受程度的重要方法。土地革命战争时期，琼崖共产党人在对农民的思想政治教育实践中总结摸索了一系列有效途径，通过期刊报纸、标语口号、口头和文艺宣传等载体，有效传递了思想政治教育信息。这些传统载体，在今天仍然值得重视。譬如充分利用报纸杂志、乡村宣传栏、广播、电视等农民熟悉的形式，及时传达党的路线、方针和政策；再如，把思想政治教育内容融入农民喜欢的文艺节目中，融入民间传统节日中，通过开展形式多样的娱乐和文化活动，使思想政治教育更加喜闻乐见，更有实效。

随着时代的发展，要不断创新思想政治教育载体，拓宽思想政治教育渠道。在新时期必须充分运用新兴主流媒体。随着网络等新型媒体以及新兴传媒技术手段的发展，媒体形式变化巨大，其中网络舆论力量的发展更是前所未有。党对农民的思想政治教育要充分利用新兴传播媒体，发挥网络宣传在思想政治教育中的重要作用，为广大农民群众搭建专门的网络学习交流平台，建立专门为农民思想政治教育服务的微信公众账号和公众微博平台，使农民思想政治教育更加信息化，拓宽农民思想政治教育的空间和渠道。

同时，要重视农村文化教育的育人功能，发展农村文化教育事业。通过发展教育，提高农民文化素养，可以有助于党更好地实现思想政治教育目标。为此，必须从以下几个方面下功夫：第一，强化农村基础文化建设。政府加大投入，更科学地配给资源，发展农村教育，建立农村公共文化服务体系，为农民群众最基本的文化权益提供保障。要持续推进"村村通"工程和"农家书屋"等文化建设工程，不断推进国内文化类资源的共享，不断完善农村基层文化设施。第二，繁荣文化市场，满足农民文化需求。要创作更多适于农村以及农民群众需要的正能量文化产品，兴起社会主义新农村文化建设的热潮。让先进文化占据农村阵地，满足农民群众日渐增长的文化和精神层面需求，提升农民群众的文化水平。第三，不断丰富农村活动载体。农村活动载体可以更好地接近群众、教育群众、武装群众。因此，要不断加强农村精神文明创建活动。比如开展农村文明家庭创建活动，营造健康的家庭生活方式和良好的邻里氛围；通过广泛开展创建文明户活动，推进文明村镇建设。同时要不断地丰富农村文娱活动，善于利用重大节日，如春节、端午节、中秋节等传统节日，将农民群众组织起来，有目的地将思想政治教育内容贯穿于丰富多彩的文体活动之中，使隐性思想政治教育和显性思想政治教育有机地结合起来。如此才能不断提高党在农村的思想政治教育实效性。

第四章　抗日战争时期党在琼崖抗日
根据地的思想政治教育

　　1937 年 7 月 7 日，日本帝国主义制造卢沟桥事件，发动全面侵华战争。为掠夺海南岛的丰富资源，日军占领广州后，着手准备入侵海南岛。面对亡国灭种的民族危机，在中国共产党抗日民族统一战线政策的推动下，国共两党从对立走向了合作。琼崖国共两党代表经过谈判，达成了合作抗日的协议。1938 年 12 月 5 日，在琼山县云龙圩举行了琼崖红军改编暨抗日誓师大会，成立了以冯白驹为队长的广东民众抗日自卫团第十四区独立队。1939 年 3 月，独立队扩编为独立总队，下辖 3 个大队和 1 个特务中队，人数由 300 多人发展到 1000 多人。但随着抗战形势的变化，国民党开始实行消极抗日、积极反共的政策，中共琼崖特委不得不独立发动和领导抗日游击战争。经过艰苦的军事工作和细致的思想政治教育工作，中国共产党在琼崖创建了一系列抗日根据地，为夺取琼崖抗战胜利提供了战略支持和依托。

一、党在琼崖抗日根据地的思想政治教育内容

　　中共琼崖特委在创建琼崖抗日根据地的过程中，十分重视对广大党员、干部和群众的思想政治教育，以提高抗日根据地军民的思想政治觉悟，保证党的路线、方针、政策在琼崖的贯彻和落实。党在琼崖抗日根据地的思想政治教育内容主要有以下几个方面。

（一）马克思主义世界观教育

马克思主义世界观教育是党在琼崖抗日根据地的思想政治教育的首要内容。抗战时期，大批进步青年、知识分子、工农群众加入了党的队伍，积极投身于党领导下的抗日武装斗争。党员人数不断增多，党组织也迅速扩大，为琼崖抗战提供了坚实的组织基础和群众基础。然而，新党员成分复杂，知识水平也参差不齐，他们入党的思想动机也是各不相同的。如何正确引导广大党员树立马克思主义世界观，形成政治过硬的干部队伍，完成抗日救国的伟大使命，是琼崖党组织面临的重要课题。琼崖党组织能够在艰苦的逆境中得以不断发展和壮大，一个关键的原因就在于非常重视并有效地在全党开展马克思主义世界观教育，重视党的思想理论建设，用马克思主义理论武装党员的头脑，使党员同志提高政治觉悟，坚定政治立场，在抗战过程中面对日军和国民党顽固派的双重压力仍能保持坚定的革命信念和旺盛的革命斗志。

党在琼崖抗日根据地的马克思主义世界观教育包含两个方面的重要内容：第一，以马克思主义哲学为主要内容的马克思主义基本理论教育。马克思主义基本理论教育是马克思主义世界观教育的基础。马克思主义学说的理论基础是马克思主义哲学，它是人们认识世界和改造世界的思想武器，也是改造主观世界的基本准则。党在琼崖抗日根据地开展以马克思主义哲学为主要内容的马克思主义基本理论教育，组织和引导琼崖广大党员干部和积极分子学习与掌握马克思主义哲学的辩证唯物主义和历史唯物主义的基本原理，逐步树立正确的阶级观点、劳动观点、辩证唯物主义观点和群众观点，这是帮助党员逐步形成正确的马克思主义世界观的前提条件。

坚持加强马克思主义理论学习是琼崖党组织的优良传统。早在1931 年的琼团全琼组织会议上，党组织就提出了"加紧马克思列宁主义和实际工作的教育……组织列宁读书班，提高同志们的政治水平"[①]

---

① 《琼岛星火》第 18 期，琼岛星火编辑部 1989 年版，第 101 页。

的要求。此后，琼崖各级党支部都非常重视马克思主义基本理论知识的宣传教育。各级党校学习班也将《马列主义概论》、《新民主主义论》、《党的建设》、《论抗日民族统一战线》等列为必修的课程。尤其是在抗日战争时期，琼崖各级党的领导干部除了加强自身的理论学习之外，还亲自下到连队或利用战争间隙给战士们上党课，结合抗战实际讲解马列主义理论关于科学社会主义、阶级和阶级斗争学说，明确日本帝国主义和中华民族的矛盾是当时社会的主要矛盾，从而增强广大党员干部和部队官兵的使命感和责任感，积极投身于抗日救国运动。

第二，实事求是的思想路线教育。实事求是的思想路线教育是马克思主义思想政治教育的精髓。实事求是，是党的全部活动的指南。党在琼崖抗日根据地开展实事求是思想路线教育，指导琼崖广大党员干部培养科学的思维方式和确立正确的工作方法，加深琼崖各级党组织和领导干部对中共中央路线、方针、政策的正确理解，增强贯彻落实党的各项指示的自觉性，从而提高落实指示的能力，进一步树立起坚定的马克思主义世界观。

党在琼崖抗日根据地开展的实事求是思想路线教育，首先表现在对待党的抗日民族统一战线策略问题上。1942 年 12 月，由于国民党顽固派掀起了反共逆流，进攻美合抗日根据地，制造了美合事变，破坏抗日民族统一战线。一时间造成了部分党员和群众对党的统战策略产生了怀疑和误解，甚至认为抗日民族统一战线已不存在。在这种情况下，党组织通过教育和启发，使大家认识到主张消极抗日、积极反共的只是少数顽固派，琼崖国民党内部仍有主张团结抗日的爱国人士；同时，结合当时的国内外形势，看清国民党也不敢彻底放弃抗日的事实。通过宣传教育，使党员认识到"发展抗日民族统一战线"、"保卫抗日民族统一战线"仍是党坚持的战略思想。党在琼崖抗日根据地开展的实事求是思想路线教育，使部队官兵、党员干部和人民群众认识到毛泽东的《论持久战》是关于中国抗日战争形势的正确分析与认识，认清"速战论"、"亡国论"都是错误的、片面的论断，从而教育党员和群众以及部队官兵认识到战争的长期性和艰苦性，坚定了琼崖抗日军民的决心和争取抗战胜利的信心。

（二）抗日形势教育

抗日形势教育是推动琼崖抗日斗争顺利进行的重要环节。日本全面侵华战争爆发后，国共第二次合作得以实现，中共琼崖特委为了响应中央全民抗战的号召和提高党员对抗日路线、方针、政策的认识，出版了《救亡呼声》（后改为《新琼崖》）、《党团生活》、《布尔什维克》和《救亡旬刊》等杂志，大力宣传抗日民族统一战线。1938 年，中共琼崖特委发出"动员全琼人民，组织武装起来，保卫琼崖"的号召，并以公开演说、组织剧团、上街宣传等形式号召全琼人民掀起抗日救亡运动。为了推动琼崖国共两党合作抗日，冯白驹积极与琼崖国民党代表谈判，并达成"共同抗日"的协议，将琼崖红军改编为广东民众抗日自卫团第 14 区独立队①。琼崖抗战开始后，琼崖党组织的抗战形势教育以维护抗日民族统一战线为主要目的。日本侵琼后不久，日本帝国主义对国民党转为实行"以政治诱降为主，军事打击为辅的方针"。据此，国民党设立了"防共委员会"，确立了"溶共、防共、限共、反共"的反动方针，到处散布反共谣言，并发布了一系列反共文件。1939 年，国民党顽固派吴道南到琼崖担任广东省第九行政区督察专员兼保安司令后，更是蓄意分裂琼崖的抗日民族统一战线，推行消极抗日、积极反共的方针。国共合作关系遭到严重破坏。然而，中共琼崖特委始终坚持"坚持独立，反对投降；坚持团结，反对分裂；坚持进步，反对倒退"的统一战线方针，并及时发布《告琼崖同胞书》，明确表明中国共产党坚决抗日的立场，也表明坚持与国民党琼崖当局继续合作的诚意，并且呼吁全岛爱国人士维护抗日民族统一战线，坚持团结抗日。

面对国民党顽固派反共的严峻形势，琼崖党组织的抗日形势教育

---

① 1939 年 3 月扩编为独立总队。1944 年秋改编为"广东省琼崖游击队独立纵队"。

仍以琼崖国共合作抗日为主要内容。美合事变后，国民党顽固派在琼崖地区的反共活动达到高潮。面对国民党琼崖当局挑起内战的危险，中共琼崖特委发出了"反对内战，团结抗日"的号召，并及时向中央汇报琼崖地区的情况，以求得到及时的指导。根据中央"必须动员一切抗战力量，给反共派武装反共行为以坚决的打击"① 的指示，冯白驹明确表示对于美合根据地将"寸土不让"。面对顽固派的军事暴行，中央还进一步指出，"应从军事上政治上加紧准备粉碎其进攻。其方法是待其进攻时，集中主力打其一部，各个击破之"。② 琼崖特委深刻分析了当时的作战情况，认为必须由持久对峙转为敌后游击战，并向中央汇报了战略转移的决定。冯白驹致电中央提出，"我们为着保存力量，已退出原有阵地，准备有计划于敌后进行游击战争"。③ 中央充分肯定了琼崖特委的决策，并进一步指示，要求琼崖特委在政治上要注重"说明我部队英勇抗战，顾全团结之各种事实，揭露国民党反共派破坏抗战、破坏团结之具体材料；并利用各种社会关系及可能人员，向琼崖各界及侨胞作深入广泛的宣传工作和统战工作，争取多数对我同情，使顽固派政治上孤立"④，并强调在宣传工作中仍然应该以团结抗日为主线，尽可能地挽救琼崖国共合作抗日的局面。此后，1941 年年初，琼崖特委在第三次执委会议上，作出了"唤起全党全琼，起来反对顽军的进攻"⑤ 的决议，决定仍从维护团结抗战的大局出发，积极耐心地做琼崖国民党当局的工作，发表了《致琼崖父老绅士书》和《致国民党官兵书》，表明了愿与国民党当局友好谈判的

---

① 《中共中央书记处对琼崖工作的指示》（1940 年 11 月 7 日）。《琼崖抗日斗争史料选编》，1986 年版，第 19 页。

② 《毛泽东、朱德、王稼祥关于粉碎顽军进攻致冯白驹电》（1940 年 11 月 23 日）。《琼崖抗日斗争史料选编》，1986 年版，第 23 页。

③ 《冯白驹关于美合事变后准备有计划地在敌后进行游击战争致中共中央电》（1940 年 12 月 22 日）。《琼崖抗日斗争史料选编》，1986 年版，第 129 页。

④ 《中共中央对海南军事、政治工作的指示》（1940 年 12 月 28 日）。《琼崖抗日斗争史料选编》，1986 年版，第 25 页。

⑤ 《李明在中共琼崖特委第三次执委会议上的政治报告》（1941 年 2 月 15 日）。《琼崖抗日斗争史料选编》，1986 年版，第 134 页。

意愿。

太平洋战争爆发后，琼崖党组织的思想政治教育以鼓励群众、坚定军心为主要内容。1941年年末，太平洋战争爆发，日军在海南岛开始了大规模的"蚕食"和"扫荡"，琼崖抗日面临更加严峻的形势。1942年6月，中共琼崖特委发出了《对于目前琼崖局势的指示》，号召琼崖全党和根据地军民要认清形势，看到前途，以最大的毅力和信心，灵活地运用统一战线中的策略，动员所有的力量，冲破一切困难，粉碎日伪的进攻，克服危机，争取时局的好转。在随后召开的琼崖特委第九次扩大会议上，冯白驹明确提出了琼崖共产党和军队在以后的抗战中要完成的基本任务：一是按照互助互让、共同发展的原则来改善国共两党及一切抗战党派的关系，以加强团结，不给敌人以任何离间的机会；二是按照抗战建国的纲领来改善内政，使人民群众和一切爱国力量更加热烈地为抗战服务；三是继续坚定全体军民的必胜信心，克服悲观情绪，消除侥幸心理，一切为抗战胜利而奋斗。① 其后，琼崖特委发出了"反'蚕食'斗争"的指示，要求"坚持内线斗争的党政军民继续实行坚壁清野，军民配合，开展肃特反奸工作，破坏日伪的情报网，增强反'蚕食'必胜的信心"。1943年初，琼崖特委还先后发出《反"蚕食"斗争的再三指示》和《关于反"蚕食"斗争的新指示》，制定了"坚持内线，挺出外线"的作战方针。这些指示在混乱的形势下统一了党和军队的思想，鼓舞了全党和全军的士气，为进一步开展抗日反顽的斗争作了思想动员。

抗日战争进入战略反攻阶段后，琼崖党组织则主要围绕加快反攻的主题展开思想政治教育。1944年后，世界反法西斯战争取得重要进展，中国人民抗日战争也转入了局部反攻。据此，琼崖特委发出了《关于当前局势及对策的紧急指示》，指出琼崖共产党及总队应继续保持警惕，做好反攻的准备工作。紧接着，琼崖特委又发出《为迎接反

---

① 参见《冯白驹在中共琼崖特委第九次扩大会议上的政治报告》（1942年9月7日）。《琼崖抗日斗争史料选编》，1986年版，第198页。

攻加速准备工作的指示》和《关于加速反攻准备工作的指示》，并向琼崖民众发出了"反攻一弹运动"的号召，要求抗日青年参军参战，并号召每户至少捐献一弹（也可以以钱代弹），以充实部队反攻的实力。[①] 这一阶段，全琼人民在党的指导和教育下，全力支持和配合琼崖抗日反攻，为最终取得琼崖抗日胜利奠定了基础。

党在琼崖抗日根据地的形势政策教育广泛宣传了党的路线、方针、政策，引导广大官兵、党员干部以及人民群众对抗战的形势有及时和正确的把握，是推动全琼抗战、实现胜利的重要环节。

（三）党性教育

党性教育是 1939 年中共琼崖特委第八次扩大会议的重要内容之一，也是党在琼崖抗日根据地思想政治教育的基本内容，包含了党员干部的培养和管理、党风党纪教育和基层党组织建设等方面的内容。

琼崖党组织始终非常重视党员干部的培养和管理，并始终坚持把党性教育视为思想政治教育过程中的重中之重。首先，"大力培养干部"是党中央对不断发展壮大的琼崖党组织的重要指示和要求；其次，培养高素质的政治干部也是革命时期加强政治工作的现实需要；最后，由于琼崖地方党组织党员素质参差不齐，因此琼崖抗日独立总队党政训练班的教学内容就有学习马克思主义关于政党和党性论述的重要内容。它主要包含三个方面：一是"中国共产党是中国无产阶级的先进分子组成的，是无产阶级的先锋队，是无产阶级的最高形式"；二是"党的组织原则是'少数服从多数，个人服从组织，下级服从上级，全党服从中央'。这是党的铁的纪律，是个党性原则问题"；三是强调了"党的利益高于一切，个人利益要服从党的利益"。[②]

琼崖特委将《党的建设》作为琼崖党组织教育和培养干部的必修课程。该课程对党的性质、宗旨、任务、组织原则、纪律要求，党员

---

① 参见《中共琼崖特委关于加速反攻准备工作的指示》（1944 年 12 月 15 日）。《琼崖抗日斗争史料选编》，1986 年版，第 293 页。

② 《琼岛星火》第 22 期，琼岛星火编辑部 1997 年版，第 187—188 页。

的权利和义务，党员的先锋作用等内容进行全面的讲解。通过学习，以提高党员对党的认识，增强党性，以身作则，起到党员的模范带头作用。

党风党纪教育是琼崖党组织党性教育的另一个重要方面。抗战末期，中共琼崖特委不仅恢复了琼崖公学，在公学设立了政治部，对干部进行大规模的党风党纪教育，以适应部队和地方党政干部队伍扩大的需要。琼崖特委还作出了《关于执行中共中央新指示的决议》，指出琼崖党必须在最短时间里，集中力量扫除一切反民主势力，加紧扩军建军，以达到迅速控制全琼，迎接抗日胜利的要求。琼崖特委在《关于实施民主、武装力量准备、领导作风和工作制度等问题的意见》中还明确了当前要"以学习整风为中心（乡以实际思想为主）"，要求"各级政权中的杂务人员、常备队、常备班、卫士，要分别程度和岗位的不同，编成学习班来进行，……注意检讨"①，以保证党的风正纪严。

党的基层组织建设也是琼崖党组织党性教育的重要方面。首先，积极响应毛泽东关于"支部建在连上"的号召，各级领导都非常重视党支部建设，要求各支部认真抓好组织发展工作，吸收先进分子、积极分子入党；其次，要求各党支部要加强党员的思想政治教育，提高阶级觉悟，提高党员质量，充分发挥党员的先锋模范作用；最后，提出了要建立健全党的生活制度的要求，党员要积极参加组织生活，定期向党小组、党支部汇报思想，党员之间要经常开展批评与自我批评，互相学习，互相监督。此外，各级党组织还经常教育党员领导干部要言传身教地启发和引导其他党员遵守纪律、保持党性；既要严格要求自己和他人，又不能摆官架子；在学习和教育过程中，主张民主讨论、各抒己见，既要交流思想，又要增进感情，发扬团结互助的学习精神。

---

① 《琼岛星火》第 22 期，琼岛星火编辑部 1997 年版，第 262 页。

（四）群众观点教育

密切联系群众是党的优良作风之一。群众观点教育是琼崖党组织思想政治教育工作的重要方面。

首先，强调树立人民群众观点的重要性。重点学习和领会毛泽东关于"兵民是胜利之本"、"战争的伟力之最深厚的根源，存在于民众之中"等重要观点，教育党员干部认识人民群众的伟大力量；明确党必须始终坚持群众路线，注重加强党与群众的沟通和联系，建立各种群众组织，推动群众运动的发展；教育广大党员充分认识到必须依靠群众、发动群众、组织群众团结抗战的重要意义。在抗日反攻阶段，儋县县委还在丰猛岭和走兵岭组织了两期以"学习更好地做支部和群众工作"为内容的学习班，并要求各级党组织进一步放手发动群众，壮大党的抗日力量。

其次，要求党员干部坚持以"为人民服务"为宗旨，关心群众的切身利益，帮助群众发展生产和改善生活。党员干部除了要帮助群众开荒种植，还轮流帮助后勤人员挑水拾柴，下乡运送粮食等。在生产、生活之余，还非常重视群众的文化教育，帮助群众认字读书，指导他们学习生产知识、生活常识，还积极开展丰富多样的文化活动。通过在生产和生活上实实在在地帮助人民群众，密切了军民关系，增强了群众对党和人民军队的了解，赢得了其对党和军队的支持。

再次，琼崖特委要求建立和健全党组织生活，同时还制定了非党员的群众民主生活制度，密切党员和群众的联系。在党员和非党员的民主生活会上，双方展开讨论，互相了解，党员要虚心接受群众的意见和建议，并要主动改正自身的缺点和不足。

（五）部队政治教育和群众纪律教育

部队建设是琼崖革命取得胜利的重要保障。琼崖党组织尤其重视部队的政治教育和纪律教育。

首先，明确了党对军队的绝对领导。在琼崖特委第三次执委会议上，确立了抗日反顽的方针。冯白驹在会上作军事报告，强调了建军工作的重要性。他指出：抗日武装力量的发展壮大是决定抗战胜败的关键，也是巩固和发展抗日民族统一战线的重要因素。独立总队不但应当在数量上要大发展，质量也要不断提高；应加强党对军队的领导，建立和健全政治委员制度，加强部队的思想政治工作，严格管理，严明纪律，把部队建设成为坚强的抗日队伍。

其次，重视部队政治机构建设。琼崖特委根据毛泽东建军思想，在独立总队中建立了各级党委（支部）和政治委员制度，加强和改善了部队政治工作、参谋工作和后勤工作，保证了党对军队的绝对领导；还将训政科改为政治部，下设组织、宣传、民运等科室。这些举措既完善了部队和机关的建设，健全了政治工作制度，不断提高抗日部队的政治素质，还为贯彻执行党的路线、方针、政策提供了重要的思想与组织保障。

最后，广泛开展部队遵守群众纪律的教育。自琼崖红军建立以来，部队一直很重视对广大官兵开展群众纪律教育。有一次，冯白驹严厉批评了几个对群众耍军阀作风的搞后勤的同志，"我们是人民子弟兵，是为人民群众谋利益的。我们要粮，要多做宣传工作，要得到人民群众的自愿支持，决不能置群众的疾苦而不顾"①。除此之外，他还要求部队和地方党政工作人员要严格执行"三大纪律"、"八项注意"，还要始终坚持"军民一致"、"官兵一致"的原则，部队不能搞特殊化，更不能损害群众的利益。党领导的部队爱护群众、维护群众的形象与旧军队鱼肉百姓的形象形成了鲜明对比，树立了琼崖共产党和人民军队的光辉形象。正是因为部队纪律严明，深得民心，许多群众都自愿地支援抗日部队，支援抗日斗争。

（六）爱国主义教育

党在琼崖大力开展反奴化教育，宣传爱国主义。日军占领海南岛

---

① 《琼岛星火》第18期，琼岛星火编辑部1989年版，第104页。

后，为了使琼崖人民忘记民族文化传统、淡化民族自尊心，弱化琼崖人民的反抗精神，日军在岛内推行奴化教育。除了组织大规模的日语教育，强制中国学生学习日语外，还肆意改变原有的教育方案、废弃原有教材，在教育内容中强制塞进了所谓的"中日亲善"、"中日合作，共同提携"等，企图弱化中日矛盾，否定日本帝国主义的侵略事实。其目的都是为其在琼崖地区实施殖民统治服务。党在琼崖根据地通过广泛的思想政治教育，使广大群众认清日本帝国主义的丑恶行径与目的，激发群众抗日的信心和斗志，坚持抗战、支持抗战、参与抗战，为全民抗战奠定良好的群众基础。琼崖东北区抗日政府成立后，按照以反对日本帝国主义，保护抗日人民，调节各抗日阶层的利益，改良工农的生活和镇压汉奸、反动派为基本出发点的施政原则，颁布了一系列抗日救国的政策法令。施政纲领中明确规定：实行为抗日救国服务的文化教育政策，灌输爱国思想，培养爱国主义精神，造就人才。此外，为了破坏敌人的交通和通信设施，琼崖各基层党组织多次组织党员群众开展声势浩大的"破击战"。他们割电线、毁桥梁，给日本在琼的侵略活动不断制造障碍。1943年10月17日晚，乐万县县委组织3700多名抗日群众带着锯子、大刀、斧头以及炸药、煤油、柴草等，对六连岭下乐会岛皮桥至万宁兴隆70多公里长的公路、桥梁、涵洞、电线、敌人仓库等进行了"大破击"。一夜之间，六连岭根据地的抗日群众共烧毁桥梁10多座，砍倒电杆数百支，拆除电线数千斤，毁坏公路几十里。这场大规模的破击战，充分体现出人民战争的威力，对日军的"蚕食"、"扫荡"进行了有力回击。

二、党在琼崖抗日根据地的思想政治教育方法

思想政治教育任务的顺利完成得益于丰富多彩且科学有效的教育方法。中共琼崖地方党组织始终切身关心琼崖人民的疾苦，采用了灵活有效的工作方法，将教育内容结合抗战实际，使党的思想政治教育真正深入人心。党在琼崖抗日根据地的思想政治教育工作的方法主要

有以下几种。

（一） 讲解灌输

经常地讲解和灌输，是琼崖党组织开展思想政治教育的一种有效方法。以部队的思想政治教育为例，部队中对党员的教育是结合政治教育进行的。党员除了要和非党员一样接受政治教育，还要特别接受党的教育。一方面，由于部队作战频繁，党员伤亡情况较多，需要不断地吸收新党员补充和扩大党组织，因此，对部队党员的教育必须经常不断地进行；另一方面，抗日战争期间，琼崖党组织吸收的党员来自琼崖各个阶层，文化程度参差不齐，许多来自基层的党员受教育程度较低，对党的认识也不高，因此，按照党章的规定将有关党的纲领、党的组织、党的纪律、党员的权利和义务等内容对年轻的党员同志经常地讲解，不断地对他们灌输党的思想，是非常有必要的。毛泽东的《论联合政府》、《关心群众生活，注意工作方法》、《关于纠正党内的错误思想》、《青年运动的方向》；刘少奇的《论共产党员的修养》等文章和著作是当时政治课的主要教材。

讲解灌输还是正面宣传马克思主义理论的最主要也是最直接的方法。琼崖革命的领导人都非常重视理论学习的重要性。在琼崖西路党校开学典礼上，冯白驹曾在报告中反复强调理论学习的重要性，同时，还强调了"理论要联系实际"，要"有的放矢"地学习马列主义。他还指出，"毛主席的《实践论》、《矛盾论》、《中国革命战争的战略问题》、《论持久战》、《游击战争的战略问题》等著作，都是马列主义的普遍真理与中国革命实践相结合的伟大理论著作，是中国化的马列主义理论"。[①] 典礼上还宣布了各课程的主讲老师：特委常委欧照汉讲授《马列主义提纲》、特委宣传部部长陈健讲授《党的建设》、特委民运部部长黄魂讲授《民运工作》、詹镛讲授《论持久战》和《抗日民族统一战线》。这四位老师，除了黄魂外，其余三人都是

---

① 《琼岛星火》第 22 期，琼岛星火编辑部 1997 年版，第 20 页。

从中央党校和抗大学习回来的，有着渊博的理论知识和丰富的讲授经验，他们的讲解授课为琼崖广大党员和部队干部更好地学习马列主义理论知识提供了正确的指导和巨大的帮助。

（二）组织学习

组织学习是琼崖党组织开展思想政治教育的一项长期的基本方法。抗战期间，部队战士和新入党员绝大部分出身贫苦农民，基本上都是文盲，组织他们参加培训学习，特别是要上好政治课和文化课，在学习过程中对他们进行经常性的思想政治教育，是提高广大党员和战士阶级觉悟和思想文化水平的基本方法。组织学习通常以开办学校、开办培训班以及组织开展批评与自我批评等形式来进行。

1. 开办学校

琼崖特委通过开办党校和抗日公学，宣传革命思想，教育培养干部，培养革命骨干。1939年秋，琼崖特委在东路开办了东路党校，李明任校长；1940年建立美合根据地后，又开办了西路党校。在党校开学典礼上，特委常委、组织部部长王白伦在致开幕词时指出："我党领导琼崖人民坚持抗日战争正处在关键时刻，集中这么多党员骨干到党校来学习，对抗战工作会有暂时的影响。"但是特委仍然决定开办党校是为了培养大批党员骨干，以坚持长期抗战。同时，也是遵照"列宁'退一步、进两步'和毛主席的'政治路线确定之后，干部是决定因素'的教导"。为此，他还提出了对学员的要求，希望大家"集中精力，安心学习，把党校安排的教学课程，认真学习，深刻领会其内容和精神实质"，"掌握锐利的理论武器，回到工作岗位，就能理论联系实际，密切联系群众，深入敌后，领导人民群众进行艰苦奋斗，开展敌后游击战争，建立抗日民主政权和小块根据地，真正实现'退一步，进两步'的目的"。① 在党校开办后不久，特委又创办了"琼崖抗日公学"，由冯白驹兼任校长。除了开设高级班、普通

---

① 《琼岛星火》第22期，琼岛星火编辑部1997年版，第19页。

班、儿童班和妇女班，还将军事政治干部选入公学成立军事班。军事班的学员由部队选送，轮流调训各部队的小队长、班长以及战斗骨干；其余的学员则由各县选送。公学以三个月为一期，开办了两期后。由于国民党的反共方针，公学被迫解散，1945 年又续办过一期。抗战时期的琼崖公学，是琼崖党组织学习延安抗大的模式以教育和培养干部为目的而开办的革命学校，是战争时期根据地重要的文化教育基地，为琼崖抗日战争培养了一大批革命骨干。

除此之外，1941 年 7 月，在万宁六连岭还开办了琼崖抗日军事政治干部学校，由琼崖总队参谋长李振亚任学校校长和政委。干部学校五个月一期，共办两期，培养部队优秀战士、战斗英雄、业务骨干以及地方党政干部、群众团体骨干多达 200 人。

2. 开办训练班

琼崖党组织和各地地方政府还积极开办各种训练班，以适应革命形势发展和支持抗日斗争的需要。

第一，开办党员干部训练班和妇女培训班。文昌县是琼崖抗日的前沿阵地。抗日战争开始后，为了加强区乡党组织建设，更好地发动和组织群众抗日，文昌县委领导除了选派得力骨干担任各区领导外，还特别注意提高党员思想政治水平，曾先后举办了 5 期党员干部培训班，有 4 期妇女培训班，参加培训的人数达 300 人之多。①

第二，开办行政训练班。1940 年，各地抗日民主政府相继成立，各县、区、乡多是新上任的领导。由于当时民主政府成立不久，各种政策法规都还未制定完善，新的领导和行政人员也缺乏工作经验，因此，对他们进行集中培训非常有必要。文昌县政府就在大昌乡中心村举办了两期行政训练班，培训学员 40 多人。培训的内容多是就一些原则性的问题，如全民抗日问题、"三三制"政权问题、持久战和游击战问题等，由主讲人先提纲挈领地讲授，然后组织大家开展讨论，最后再由主讲人进行总结，为新任领导和行政人员的具体工作提供指

---

① 参见《琼岛星火》第 18 期，琼岛星火编辑部 1989 年版，第 60 页。

导和参考。

第三，开办民众武装干部训练班。1942 年 1 月，琼崖东北区抗日民主政府在琼山县树德乡开办了三期"民众武装干部训练班"，调集各县政府或县办事处所属武装骨干带枪参训。训练班开设了军事课和政治课，以军事训练为主，辅以政治思想教育，培训学员掌握各种军事技术，以提高战斗能力。

第四，开办党支部书记训练班。在特殊情况下，采取开办训练班的形式对优秀党员进行有针对性的教育，培养党的专职干部，也是琼崖党组织思想政治教育工作的一个亮点。1942 年开始，琼崖特委和总队政治部开办了随营的党支部书记训练班，以加强党的组织建设，培养优秀的党务工作干部。训练班由各个连队选拔表现较好的班长、排长、文化教员、文书等优秀党员组成，每期 30 人左右，共办了 3 期。训练班以刘少奇的《论共产党员修养》为教材，以培养连队的专职支书为目的，对优秀党员进行有针对性的教育，收到了良好的成效。琼崖特委和独立总队领导都十分重视训练班的课程开设，经常关心训练班的学习情况。冯白驹经常勉励学员努力学习马列主义理论和党的基本知识，争做党的优秀干部。副总队长庄田经常看望学员，除了给学员们讲红军长征的故事、讲我军的优良政治传统，还教唱《延安颂》等革命歌曲，既活跃训练班的学习气氛，又让学员们受到了良好的思想政治教育。总队参谋长李振亚也经常关心学员，除了给大家上政治课之外，还常常与学员促膝谈心，关心学员的思想动态。政治部主任王业熹经常给大家讲琼崖红军的突出事迹，尤其是红军在母瑞山艰苦奋斗的顽强精神，使学员们受到了很大的鼓舞。训练班虽然学习时间不长，但授课内容丰富，学习形式多样，教育效果显著，为党的组织建设培养了一批骨干力量。训练班的学员学习结束后，都被分派到部队担任各个连队的专职党支部书记，通过他们开展工作，又不断地吸收先进分子入党，基本做到了部队各班、排都有党员、党小组，贯彻和落实了毛泽东提出的"支部建在连上"的建军原则，为促进部队党的组织建设、巩固和发展发挥了重要作用，为琼崖抗战做出了积极的贡献。

3. 开展批评与自我批评

在党的组织生活中，开展批评与自我批评的讨论，是对党员最实际的教育。经常针对组织或个人在作战、工作、学习中的表现进行讨论，对于增进党员同志之间相互学习、增进彼此交流、克服不良倾向和改造人的思想都起到了重要的作用。此外，还通过上党课的方式对党员进行教育。上党课时也动员非党员、团员参加，扩大了党的思想政治教育面。

（三）宣传教育

运用各种宣传阵地、宣传工具，向干部和群众宣传党的理论、政治主张，也是琼崖党组织广泛地开展思想政治教育的重要方法。

第一，通过报刊进行宣传教育。首先，利用国民党进步人士办的《国光日报》，分析抗日战争局势，宣传团结抗日主张。抗日战争时期，在国民党统治区内，报纸、广播都是以宣传国民党抗日即"正面战场"为主，但是宣传"敌后战场"即中共领导的抗日游击战争情况是非常困难的。党的地下工作人员积极争取在《国光日报》发稿的机会，借报道"正面战场"之机，有策略地宣传敌后战场的情况，宣传党在抗日战场的重大活动，扩大党在人民群众中的积极影响。此外，通过设法以《国光日报》的名义开办《国光旬刊》，巧妙避开国民党政府对新闻出版物的监管，发表琼崖特委的重要文章和关于时局分析的稿件，将《国光旬刊》作为琼崖共产党人宣传抗日、交流信息的重要载体。在特殊而严峻的战争形势下，琼崖特委通过统战关系去影响国民党人办的报纸的政治倾向，宣传团结抗日主张，体现了党的智慧和能力。①

其次，创办于抗战初期的《抗日新闻》也是琼崖党组织进行抗日宣传的重要阵地。起初，这只是一份不定期发刊的小报。但由于

① 参见《琼岛星火》第18期，琼岛星火编辑部1989年版，第49—53页。

该报对党的抗日方针进行大力宣传，积极报道独立总队打击日军和国民党顽固派的事迹，深受党员和群众的欢迎。随着抗战形势的发展，该报逐渐成为琼崖特委宣传抗日的有力武器。《抗日新闻》除了报道我军打击日伪、坚决抗日的战况，还开辟了《党的生活》等专栏，发表关于如何开好支委会、如何做一名好党员、如何建立优秀的基层党组织等文章；还在《文艺》专栏刊登延安抗日歌曲以及琼崖的抗日诗歌等。从内容到形式，该报都积极配合党的抗日工作，揭露国民党顽固派的反共阴谋，痛斥日军的侵华行为，宣传抗日民族统一战线，动员和争取全民抗日。该报除了向根据地各机关、部队、各级党支部发放外，还通过通讯员向敌管区的人民群众发放，积极扩大宣传效果。

此外，儋县的《抗日小报》、政治部的《抗日生活》、独立总队出版的《每日要电》和《战斗生活》、独立总队和党组织合办的《南路堡垒》（原定名为《琼声》）等报刊，也为抗战时期琼崖党组织的思想教育和政治宣传发挥了巨大作用。

第二，通过地下传单进行宣传教育。地下传单的传播，使沦陷区的人民在黑暗中看到了一线光明，鼓舞了人民群众抗日斗争的勇气。日军占领海口后，在海口的党员李雨枫、高仕融等人与琼崖特委中断了联系。李雨枫等人通过印发地下传单等革命活动，一边寻找琼崖特委，一边开展沦陷区的抗日宣传工作。由于当时国民党当局禁止收听中共"新华社"电台，而英、美电台经常发布第二次世界大战的战况。李、高等人利用收音机每天收听"路透社"、"美联社"的英文广播，再把英文翻译成中文，秘密印发传单在海口传播，让广大人民了解世界反法西斯战争取得的进展情况，增强人民夺取抗日斗争胜利的信心。[1]

第三，通过标语口号宣传，进行思想政治教育。标语口号宣传是琼崖党组织进行思想政治教育的重要方法之一。早在 1937 年全国抗

---

[1]　参见《琼岛星火》第 18 期，琼岛星火编辑部 1989 年版，第 58 页。

战初始，中共琼崖特委"团结抗日，保卫琼崖"的号召就已深入人心。此后，"听共产党的话，跟独立队走，把日本鬼子赶回老家去！"等标语和口号，更掀起了全岛人民团结抗日的热潮。1941年4月，琼崖特委发出了"争取更大胜利，迎接红五月"的号召，以此来鼓舞军民的抗战斗志。为了争取华侨支持，中国共产党提出了"支援祖国，保卫家乡"、"有钱出钱，有力出力，有枪出枪"的号召。为了把党的方针、政策通过传单、标语及时地宣传到群众中去，以扩大党的政治影响，琼崖党组织经常派出党员将标语和传单藏在内衣裤里，或夹在破斗笠上，外出时找机会抛撒在街上或贴在公共场所的墙上；有时也把传单夹带到戏场里，趁着演出结束观众离场时，就混在人群中散发。为了发动群众参与完成大规模的宣传活动，定安民生党支部曾组织新楼坡、龙梅等村的50多名群众将写有"打倒日本帝国主义！"、"团结起来，抗日救国！"、"我们必胜，日本必败！"[1]等内容的标语一夜间贴满、插满预定的公路两旁，为号召全民抗日制造舆论。

另外，琼崖基层党组织和宣传队还通过口头宣传、群众会议或组织抗日剧社等形式，通过各种群众活动或文艺演出，团结、教育进步的抗日青年。如这一时期创作的抗日救亡顺口溜《抗日千字文》，以及琼剧和歌曲如《送郎上前线》、《兄弟同上前线》、《父母送儿女上前线》、《放下你的鞭子》、《夜光杯》等文艺节目，揭露汉奸投降日本的罪行，讴歌抗日军民前仆后继、不屈不挠、奋勇杀敌的英雄事迹，在抗日的特殊时期对广大群众产生了深刻的影响。

（四）实践教育

理论联系实践，是党的思想政治教育必须坚持的基本原则。在实践中对党员群众进行教育，是党在琼崖抗日根据地始终坚持的思想政治教育基本方法。战争年代，条件非常艰苦，部队流动性很大，对部队的思想政治教育很难在固定的场所开展，往往需要利用部队驻营休

---

① 参见《琼岛星火》第18期，琼岛星火编辑部1989年版，第85页。

息或休整的时间，在树林里、坡地上，就地开始讲课。不仅教育的场所要考虑实地环境，讲课的内容也都尽量贴近现实。即使是讲共产主义的远大目标，也要和当时的斗争形势紧密联系起来。在进行思想政治教育中，坚持贯彻理论联系实践的原则，强调解决实际问题；与战士的个别谈心，对战士进行阶级斗争教育、革命前途教育、形势任务教育和组织纪律教育也要着眼于战士的思想、表现实际，促使其成长成熟。

在战斗中对党员进行教育和考验，是在实践中开展思想政治教育的重要方法。重大战斗前，必要的政治动员，号召党员起好带头作用，保证完成任务，在紧要关头号召党员带头参加突击等，以实际行动体现党员的先锋作用。

此外，琼崖党组织还通过树立党员领导形象等方法，充分发挥思想政治教育的功能和先进党员的示范作用，熏陶、感染、鼓舞广大党员干部。中共中央曾派遣富有军队建设和作战指挥经验的庄田、李振亚和覃威赴琼，加强对独立总队的领导。他们出发前，周恩来指出："冯白驹同志是琼崖人民的一面旗帜"，"你们到琼崖去工作的同志，要支持冯白驹同志的工作"，"把革命工作搞好"。① 正是有了以冯白驹为核心的琼崖革命领导集体，把握了琼崖革命的正确方向，才带领全琼人民取得了抗战乃至整个琼崖革命的伟大胜利。

三、党在琼崖抗日根据地的思想政治教育特点及启示

（一）党在琼崖抗日根据地的思想政治教育特点

综观党在琼崖抗日根据地的思想政治教育，具有如下几个突出特点。

---

① 转引自李德芳《琼崖革命史》，南方出版社、海南出版社2008年版，第188页。

1. 具有较强的针对性

琼崖党组织针对不同的受教育对象,如军队、地方群众、领导干部、普通党员、国民党中的爱国人士以及地方武装等,采取不同的思想政治教育内容和工作方法。

第一,党对军队的思想政治教育,有针对性地将政治学习和军事训练放到同等重要的位置,目的就在于提高广大官兵的阶级觉悟和思想认识水平。

首先,有针对性地做好新战士入伍的教育工作。战争年代,广大群众虽然参军的积极性较高,但参军的动机不同,有些群众参军甚至仅仅是为了能吃上饭。不同的阶级出身和社会经历造就了新战士的思想基础和觉悟程度也有不同,他们大多是刚脱离旧环境的农民子弟,也缺乏军队集体生活的经历,带有不同程度的旧习惯和非无产阶级意识。他们对战争缺乏认识,对抗战的艰苦性、残酷性以及长期性都缺乏思想准备。因此,有针对性地对刚入伍的新战士进行思想政治教育显得极为重要。既要通过政治理论教育帮助他们树立无产阶级意识,用马克思主义世界观去指导和改造他们旧的思想和习惯;同时加强组织纪律教育,帮助他们树立军人作风,使新战士不仅在行动上加入了部队,还要在思想上树立起军队的荣誉感和使命感,为随时可能到来的战斗做好思想上和行动上的充分准备。

其次,特别注重加强对膳食班、看护班的思想政治工作。由于膳食班、看护班的工作性质特殊,对行军作战有着极为重要的后勤保障作用,加之担任这两项工作的都是女同志,对她们的思想政治教育工作必须更加细致。除了让她们和男同志一起都要参加政治学习外,连队领导还经常了解她们的工作情况,关心她们的生活和思想,帮助她们解决实际困难,发动其他战士协助她们工作等,并定期帮助她们总结工作。同时,在全军会议上肯定和表扬她们的辛勤付出与功劳。还要教育看护班成员做好伤员的思想工作。^① 对膳食班则教育她们树立

---

① 参见《琼岛星火》第 18 期,琼岛星火编辑部 1989 年版,第 41—47 页。

全心全意为战士服务的思想，不怕脏、不怕累，热情、细致地做好后勤保障工作。

第二，党对群众的思想政治教育，首先，在内容上体现了较强的针对性。以建立和巩固抗日民族统一战线为主要目标，一方面及时宣传抗战形势，启发群众民族革命斗争意识，投身于抗日；另一方面号召群众开展生产自救，并教育广大群众发扬艰苦奋斗、自力更生的精神，大力发展生产，为抗战提供物质支援。此外，面对日军在琼崖地区展开的"扫荡"，对积极群众开展反奴化的爱国主义教育。根据琼崖特委的指示，琼文抗日根据地劝阻群众领取"顺民证"，还发动群众破坏公路、桥梁和电线，阻滞日军的交通和联系。在抗战后期，为了巩固抗战成果、坚持反攻，还宣传动员群众为抗日武装、抗日民主政府捐钱、捐枪，为我军购运战争所需的枪支弹药等。

其次，党对群众的思想政治教育在方法上也体现了较强的针对性。例如在设立培训班时，根据群众不同的文化水平，将高中以上学历的学员分到高级班；初中及以下学历的学员则分到初级班。不同级别的班级还设立了不同的学制和教学计划。高级班学制较短，一般三四个月为一期，课程分政治和军事两类：政治课学习理论知识、统一战线政策和时事；军事课则学习毛泽东的军事战略战术思想，以及进行简单的战斗演习。初级班学制较长，一般6—8个月为一期，以学习文化课为主，以提高文化知识水平；再辅以简单的关于人民战争、群众运动等理论和实践知识的教育；军事教育则是一些简单的救护救援、站岗放哨、情报传递等方面的训练。由于初级班学员较多，又按照学员的不同群体分为工农班、妇女班和儿童班。各班级除了有班主任负责政治教育和学习，还设有队长负责军事训练或生产指导。

最后，对广大党员干部的思想政治教育，除了基本的党性教育和针对文化程度较低的党员进行文化教育和业务教育之外，更重要的是教育领导干部怎样做好政治工作。既包括对军队战士的政治教育，又包括群众工作的发动和组织，还包括对敌军的争取和瓦解，特别是要学会如何加强在整个战斗过程中的宣传鼓动工作。领导干部既是党的思想政治教育的接受者，同时又是党的思想政治理论的传播者。学习如何开展思想政治教育工作，是对领导干部进行思想政治教育、培养优秀干部的重要内容之一。培养优秀的政工干部，是革命的需要，也是党的建设的需要，更是党的思想政治教育工作的需要。在这方面，琼崖党组织主要选取了罗瑞卿的《论抗日军队中的政治工作》一书作为培养领导干部的重要教材，并指导、教育政工干部在工作中不断总结政治工作的成功经验。

此外，党对国民党和各级地方武装的思想政治教育，是在认真分析形势后，对其进行了"进步的"、"中间的"和"顽固的"群体划分并区别对待。如争取以李良为中队长的"国民党一区南阳抗日游击队"和以詹静之为队长的"国民党三区抗日游击队"共同抗日；争取说服原来是广东军阀的林国光站在爱祖国爱家乡的立场上为乡亲们做些有益于社会的事；争取曾任过国民党县长、但拥护抗战的潘云秋和一批拥护抗战的国民党乡长参加抗日民主政府的工作等。①

党对一些地方武装的思想政治教育，是以团结、教育、改造为主要目标，在保证党对军队的绝对领导的前提下，积极争取地方武装对人民军队的支持和配合。党对国民党官兵的思想政治教育工作，则是以直接的宣传教育为主。如通过发动白区群众或军属去影响和感化敌军中的先进分子；或是以"白皮红心"打入日伪据点当"顺民"，取得合法身份后进行秘密斗争；对俘虏采取宽待政策等，积极争取一切可以团结的力量联合抗日。驻万宁乌场日军班长王羊源有反战倾向，琼崖党组织指导抗日女青年打入日军乌场据点，利用为日军挑水、做饭的机会同王羊源交朋友，宣传党的抗日民族统一战线。在抗日武装队伍的配合下，对王羊源的策反取得了成功，他主动携带轻机枪 1 把、步枪 4 支、手榴弹 4 箱、子弹 600 多发，奔赴六连岭抗日根据地。

正是因为党在琼崖抗日根据地的思想政治教育突出强调教育的针

---

① 参见《琼岛星火》第 22 期，琼岛星火编辑部 1997 年版，第 161 页。

对性，根据不同的教育对象采取了因人而异的教育内容和方式方法，所以取得了巨大的成效，为全岛抗战胜利提供了有力的支持和保证。

2. 具有广泛的覆盖性

党在琼崖抗日根据地的思想政治教育体现了广泛的覆盖性，以维护最广泛的抗日民族统一战线。琼崖东北抗日政府的施政纲领明确规定了坚持抗日民族统一战线，坚持抗日战争的民族政策，黎、苗等少数民族与汉族在政治、经济、文化、教育等方面一律平等；争取华侨支援抗战；保障各抗日党派团体的政治地位，保障抗日资本家、地主在内的一切抗日阶级、阶层的民主权利；保护发展抗日根据地工商业；优待抗日军队与抗日工作人员家属等。① 这些规定覆盖了琼崖社会阶层的各个方面，保障了参与抗战的各个阶层的利益，为维护抗日民族统一战线、实行全民抗日做了很好的宣传，有利于琼崖抗战的顺利推进。

第一，琼崖党组织始终坚持建立最广泛的抗日民族统一战线，密切联系琼崖黎、苗少数民族。琼崖地区聚居的少数民族主要有黎族和苗族，琼崖党组织一直很重视少数民族地区的工作。早在土地革命战争时期，琼崖地方组织就在黎、苗少数民族聚居的地区建立起了基层党组织和苏维埃政权。日军入侵后，琼崖特委派出了党员干部到民族杂居区大力宣传抗日工作，动员群众参与救亡运动，还建立了黎苗族人民抗日游击队。抗战爆发后，琼崖特委一直筹划在五指山地区建立中心根据地，因为这一地区也是琼崖少数民族聚居地之一。所以，做好该地区的少数民族工作是建立中心根据地必不可少的条件。中共中央曾发出指示，要认真做好少数民族群众的工作。"只有有了夷民、山地作为我军的巩固后方，我们才能支持长期抗战。"②

根据中央的指示，冯白驹决定派出武装工作组进入少数民族地区

---

① 参见《琼崖东北区政府抗战时期施政纲领》（1941 年 10 月 10 日）。《琼崖抗日斗争史料选编》，1986 年版，第 149 页。

② 《中共中央书记处对琼崖工作的指示》（1940 年 11 月 7 日）。《琼崖抗日斗争史料选编》，1986 年版，第 22 页。

领导和支持地方武装的抗日斗争。工作组一方面积极开展抗日宣传，一方面帮助红毛乡的黎族同胞组建了常备军以及斗争指挥部。除此之外，还努力同地方武装、起义首领取得联系，指导他们开展"护村锄奸"活动。为了加强对白沙地区的领导，琼崖特委还组建了"黎民工作委员会"，在保护黎族人民的武装起义的同时，积极培养少数民族干部。日军侵琼后，国民党当局退到五指山地区，经常欺压黎族和苗族同胞，激起了黎、苗人民的反抗。黎族人民在王国兴等人的领导下举行了白沙武装起义，把国民党的政府和军队赶出白沙地区。此后，国民党加强了对白沙地区的进攻和对起义军的镇压。王国兴等人主动寻求共产党的帮助，接受琼崖党组织的领导。琼崖特委对此非常重视，并派出民族工作小组立即进驻该地区，了解少数民族群众起义的情况，肯定他们斗争的正义性；同时，向他们宣传党的民族政策和抗日民族统一战线方针，帮助当地群众增强革命意识和加深对琼崖形势的认识。另外，派出琼崖纵队的一支分队帮助黎、苗人民进行武装斗争，组织发展生产，改善人民的生活，还建立了抗日民主政府，创建了白沙抗日根据地。中共琼崖党组织的这一系列举措，使我党我军在琼崖少数民族聚居区树立了较高的威望，群众纷纷称颂共产党是"父母党"，琼崖抗日部队是"父母军"。这是琼崖特委积极开展少数民族思想政治教育工作取得的卓越成果，也是党在琼崖地区的民族政策取得成功的突出表现。

第二，琼崖党组织积极加强与海外侨胞、港澳同胞的联系，争取他们的支持和援助。1939 年夏天，在党的抗日民族统一战线政策和全国全民抗战形势的鼓舞下，成立了由爱国华侨和港澳同胞组成的"琼崖华侨回乡抗日服务团"。服务团积极进行抗日宣传和从事医疗、救护等工作，为琼崖抗战做出了卓越贡献。

首先，琼崖特委积极争取侨胞在经济上的支持。经济基础是军事斗争的重要保障，经济原本就不发达的琼岛在战争的恶劣环境下条件更显严峻；琼崖在地理位置上与祖国大陆分离，使得内地对琼岛的支援相对较少。因此，争取海外侨胞、港澳同胞的经济支持更显得尤为重要。中共中央指示琼崖特委：要把琼岛创造成为争取 900 万南洋华侨的根据地，琼崖抗日武装的费用主要依靠人民酬给，并可求助于华侨。① 因此，琼崖特委书记冯白驹曾多次发函向海外侨胞报告琼崖抗日战况，呼吁侨胞提供援助。于是，新加坡成立了"援冯委员会"，为抗战提供了坚强后援。琼崖特委还在广州湾建立了办事处，主要用于联络海外华侨；并且多次派代表到泰国、新加坡去访问和募集捐款；还积极和琼侨联合总会联系，获得了许多药品、卫生衣以及军鞋等物资。1940 年 4 月，李吉明在给中央的报告中汇报了海外侨胞对琼岛的经济援助，其中泰国和新加坡两地的琼侨捐款达两万元以上；香港的海员经常有月捐；各地琼侨返乡服务团也曾捐助四千元法币。② 综观整个抗战时期，华侨（特别是在南洋的琼籍侨胞）在经济上对琼崖抗日战争提供了大力支持，为抗战提供了物质保障。

其次，琼崖特委积极扩大政治影响，争取侨胞参军、参战、参政。为了加强与琼侨联合总会的联系，便于教育和影响广大侨胞联合抗日，琼崖特委还积极吸纳琼侨回乡服务团的团员参与抗日根据地的建设。琼侨陈代伦、符行之等十余人都曾在琼崖抗日民主政府中担任要职。太平洋战争爆发后，海外琼侨的供给和联系曾一度中断，琼侨回乡服务团的工作也曾陷入困境。中共琼崖特委在与服务团商讨后，决定按团员的个人意愿分配他们参与新的工作，继续为琼崖的统一抗战服务。这些团员一部分加入了中国共产党领导的独立总队，一部分参加各县抗日民主政权工作。③ 琼崖特委通过与广大侨胞的积极联系，吸纳他们当中的积极分子和进步青年，充实了党的干部力量，也扩大了党在侨胞中的政治影响，有利于更好地巩固抗日民族统一战线，巩固全民抗战的成果。

---

① 参见《中共中央书记处对琼崖工作的指示》（1940 年 1 月 26 日）。《琼崖抗日斗争史料选编》，1986 年版，第 5 页。

② 参见《李吉明关于琼崖抗战情况的报告》（1940 年 4 月 10 日）。《琼崖抗日斗争史料选编》，1986 年版，第 97 页。

③ 参见《琼岛星火》第 13 期，琼岛星火编辑部 1984 年版，第 22 页。

　　最后，琼崖党组织还特别重视对广大妇女参与抗日和其自身解放的领导和组织。琼崖妇女是琼崖革命取得胜利不可忽视的重要力量。琼崖妇女在抗战时期同男人们一样扛枪战斗，顽强对敌作战。琼崖独立总队的女同志越来越多。在参军的男女青年中，妇女占10%以上，她们为琼崖抗日武装斗争立下了汗马功劳。1940年1月，琼崖特委恢复特委妇女部，加强了对妇女工作的组织和领导。1941年，成立了各级妇女抗日救国会，促进了全琼的妇女抗日工作和妇女解放运动。广大妇女的政治觉悟大为提高，在独立总队的党员中，妇女党员占25%左右。[①]

　　此外，琼崖其他阶层的爱国人士，尤其是国民党内的进步人士，更是党积极争取团结的对象。如文昌岭头村人王景尧，曾是国民党崖县、定安县县长。文昌县委了解到此人思想进步、主张抗日的基本情况后，便派人跟他做思想工作，争取他参加党的抗日救亡工作。最终，在党的积极争取和教育影响下，他同意出面号召建立县一级群众救亡团体——文昌抗敌后援会，为文昌的抗日斗争做出了较大贡献。

　　3. 具有鲜明的群众性

　　党在琼崖抗日根据地的思想政治教育还体现了鲜明的群众性。"琼崖的革命运动，没得农民加入，是终难成伟大的民众革命。"[②] 始终把群众工作作为琼崖党组织思想政治教育工作的重点，创造条件帮助群众解决实际困难，密切军民关系，积极争取群众的广泛支持，这是党在琼崖抗日根据地思想政治教育的一个突出特点。

　　革命战争是群众的战争，只有动员群众才能进行战争。1943年4月，日军发动大规模的"蚕食"、"扫荡"，向乐万县迫近，六连岭抗日根据地形势十分为紧张。乐万县委、县抗日民主政府在六连岭根据地加荣村召开万人大会，动员全县人民开展"红五月"、"红七月"活动，发动群众报名参加参战，捐献物资支援抗日。当天，踊跃报名

　　① 赵康太：《琼崖革命论》，南海出版公司2005年版，第133页。
　　② 陈永阶编：《琼崖革命先驱者文集》，琼岛星火编辑部1981年版，第67页。

参军参战的青年就有 400 多人。7 月，在瑞安乡欧排村祠堂前召开的
"纪念抗日六周年大会"上，全乡共捐献光洋 3000 多元。①

　　在琼崖特委第三次执委会政权工作报告中，冯白驹明确指出：
"建立民主政权要靠群众的抗日热情与党的基础，单靠大山是靠不住
的，并不是大山不可以，如有群众与党的基础并有大山是很好的。"②
他还形象地指出了琼崖革命胜利的根本原因在于"不是山藏人，而是
人藏人"。琼崖党组织对群众路线的坚持是琼崖抗日根据地发展壮大
的根本原因。

　　在中共琼崖特委第九次扩大会议上，王白伦在报告中指出，过去
四年（1939—1942）来，党的工作成绩之一便是"注意到干部生活
上的改善，同时也注意帮助其家庭问题上的解决"。③ 这充分体现了
党在开展思想政治工作过程中的人文关怀。

　　为了赢得群众的广泛支持，琼崖党组织还对群众中的积极分子进
行了思想理论教育，引导他们学习马列主义，吸引他们加入党组织，
充实党的力量；对普通群众进行了红军政策教育，大力宣传党的宗旨
和革命主张，宣传红军的纪律，增强了群众对红军的认识和信任；对
一些地方的农民，则进行了以建立地方武装政权为主要内容的思想政
治教育，既便于指导地方武装协同部队作战，同时又可以充实军源。
抗战时期，琼崖特委曾发出"有钱出钱，有力出力，有枪出枪"的号
召；各级党组织还不分昼夜地到一些村庄进行宣传动员，动员群众捐
献枪支弹药，组织爱国青年参军参战。一时间，群众参军的热情高
涨，使得琼崖纵队人数不断增加。

　　琼崖各区县还在抗日民主政府的指导下，组织地方农民建立抗日
武装队伍。例如，中共文昌县委根据中共中央和琼崖特委的指示，应

---

　　① 参见中共海南省委党史研究室编《琼崖革命研究论文选》，中共党史出版社 1994 年版，
第 260 页。

　　② 中共海南区党委党史办公室编：《冯白驹研究史料》，广东人民出版社 1988 年版，第
35 页。

　　③ 《琼岛星火》第 22 期，琼岛星火编辑部 1997 年版，第 261 页。

广大群众的要求，通过民主协商，于 1940 年 11 月成立了文昌县抗日民主政府，后又成立了区、乡民主政府。随后，分别在县、区和乡建立起抗日游击大队、抗日常备中队和抗日班。由于这些地方抗日武装对本地情况非常熟悉，和本地群众关系紧密，对于打击敌人、执行政令、维护治安、开展敌后工作以及保卫和巩固抗日民主政权等方面都发挥了重要作用。

（二）党在琼崖抗日根据地的思想政治教育启示

中共琼崖特委领导全琼人民取得的琼崖抗战的胜利，是同党的思想政治教育工作密不可分的。党的思想政治教育工作为琼崖党组织的发展壮大和琼崖抗战的胜利，发挥了生命线作用。这也给新时期党的思想政治教育提供了重要的启示。

1. 思想政治教育必须坚持党的正确领导

琼崖抗日战争的胜利，是中国共产党坚持抗日民族统一战线，团结全党、全琼各阶层、各民族人民共同奋斗的结果。共产党及其领导的人民武装始终是琼崖抗战的中坚力量。实践证明，党的思想政治教育工作是琼崖抗战取得胜利的重要保证。做好思想政治工作，必须首先坚持党的正确领导。

坚持党的正确领导，就是坚持党的正确路线、方针、政策的领导。抗日战争时期，中国共产党在政治上已经成熟，根据日本帝国主义妄图灭亡中国的形势制定了抗日民族统一战线的新政策，形成了第二次国共合作。在琼崖，琼崖特委坚决贯彻中央指示精神，制定了符合琼崖实际的抗日民族统一战线政策，使抗战初期琼崖抗日民族统一战线工作开展得较为顺利。琼崖党组织一方面积极教育和引导国民党队伍中的爱国官兵团结抗日，另一方面积极教育党的干部和广大党员坚定立场，在巩固抗日民族统一战线的同时，努力发展人民抗日武装力量。在国民党顽固派掀起消极抗日、积极反共的风浪之后，以冯白驹为首的琼崖特委，一方面教育党员和群众要提高警惕积极应对国民党顽固派的进攻，对国民党顽固派的进攻进行坚决反击，另一方面抓住一切可能与国民党主张抗日的人士团结合作，继续扩大和巩固抗日民族统一战线。这体现了琼崖党组织在政治上的成熟。党的正确领导，是做好思想政治教育工作的基本前提。

2. 思想政治教育必须注意内容和方法的针对性

思想政治教育是一项特殊的社会实践活动，它的主体和客体都是具有能动作用的人。而人可以根据不同的年龄、职业、文化、社会生活等方面的因素划分为不同的群体，每个群体都有其特点和特殊的心理需要。对不同群体的人开展思想政治教育，必须在教育内容和方法的选择上突出针对性，才能保证思想政治教育的有效性。抗战时期的琼崖，同时存在共产党和国民党两个党派；既有共产党领导的人民军队，又有群众自发组织的地方武装；人民群众中，农民、知识分子、海外侨胞等不同群体各自对革命有着不同认识，对生活也有着不同的期许；还有黎、苗等少数民族群体，生活习惯、生产方式等与汉族也存在区别。党在抗日根据地的思想政治教育工作，正是充分考虑到不同群体的特殊性，选择了有针对性的内容和方法，进行了大量的宣传动员，为琼崖抗日的各项工作提供了有力支持。

加强思想政治教育的针对性，要充分考虑到受教育群体的特点。首先，受教育群体具有社会性。思想政治教育的对象是人，人是社会的人，必然处于一定的社会关系之中。在阶级社会里，社会关系还具有阶级性。党在琼崖抗日根据地的思想政治教育，充分考虑了不同群体的社会责任、社会关系、社会影响等方面的因素，选择了有针对性的教育内容。如对部队官兵进行军事和政治教育，对农民群众开展识字教育、生产指导，对国民党进步人士进行思想动员等。其次，受教育群体具有层次性。从文化层次上看，对文化素质较低的群众和有一定文化基础的群众，于是划分了不同的培训班，制定了不同的教育目标和实施了相应的教育计划；从性别上看，开设了专门的妇女培训班，促进琼崖妇女的解放意识的觉醒。最后，受教育群体具有可变性的特点。尤其是在战争年代，随着革命形势的发展，不同群体所处的社会环境不断发生着改变，其思想意识也处于不断的变化中。党在琼崖根据地非常重视在不同阶段、不同形势中采取不同的宣传教育方法，根据不同时期的革命目标进行切合实际的思想动员。

加强思想政治教育的针对性，还要善于结合不同群体的心理需要。不同的社会群体，对革命形势有着不同的认识和感受，对自身的生活有着不同的理想和追求，自然就有着不同的心理需要。抗战时期，对琼崖进步知识分子和革命青年来说，迫切需要新思想新观念。对该群体开展马克思主义世界观教育，既符合了他们对于新文化、新思想的一种追求，又能较快较好地帮助他们树立正确的世界观、人生观和价值观，有利于将他们培养成马克思主义者。对普通农民群众而言，他们既受自然条件的限制，又缺乏文化知识，再加上日军的侵略和国民党的压迫，更使他们处于水深火热的困境之中。对该群体进行党的土地政策宣传，同时教育党员干部和部队官兵帮助他们改善生产和生活，有助于树立党和军队的良好形象，使农民群众相信并支持党和军队的各项工作，为支持抗战奠定了坚实的群众基础。对国民党进步人士，琼崖党组织一般以感化教育为主，坚定他们对抗日民族统一战线的信心。正因为党的思想政治教育针对性强，才取得了实实在在的成效。

3. 思想政治教育必须坚持群众性原则

紧紧依靠人民群众是琼崖革命取得胜利的根本原因。琼崖抗日战争的胜利在于党始终依靠广大琼崖人民群众的支持。因为琼崖在地理位置上与祖国大陆分离，琼崖党组织远离中央、远离党领导的主力部队，又处于日军扫荡和国民党封锁的双重险峻环境之中，琼崖特委能带领全岛人民坚持孤岛上的长期战斗，克服重重难关，不断发展壮大。这与党始终坚持群众路线、始终紧密联系群众、依靠群众是分不开的。冯白驹曾说过："离开了广大海南人民对革命的热烈要求、支援与积极参加，那么海南的革命斗争是根本不可能进行的。"① 坚持

---

① 中共海南区党委党史办公室编：《冯白驹研究史料》，广东人民出版社1988年版，第268页。

群众性，是党开展思想政治教育的重要原则。

坚持群众性，首先必须取得人民群众的认可和信任。因此，党必须本着为人民服务的宗旨，切实关心群众疾苦，带领群众发展生产、改善生活、提高文化素质，让群众了解党，跟党走。抗日战争时期，琼崖农民生产、生活方式简单原始，文化水平也普遍偏低，琼崖各级党组织一方面带领人民群众积极参与抗战，另一方面则是大力帮助群众发展生产，既切实改善琼崖根据地群众的生活，又为抗战提供重要的物质支撑和后勤保障。此外，琼崖党组织还积极推进文化教育，如通过生产知识教育提高农民的生产效率，促进经济发展，从而改善人民群众的生活状况；通过识字教育既可以减少文盲，又能增强人民群众对党的政策宣传的理解；通过各种文化活动、文艺演出，既丰富了群众的生活，又能为抗日进行宣传动员。党在抗日根据地的一系列举措，使群众认识到中国共产党是人民的党，只有共产党才能带领琼崖人民实现抗战胜利和最终解放。坚持群众性，赢得了广大人民群众对党的高度认可和充分信任。

坚持群众性，目的在于争取人民群众的支持。对琼崖孤岛而言，尤为重要。冯白驹把琼崖革命胜利的原因高度概括为"不是山藏人，而是人藏人"。这是琼崖革命战争时期的真实写照，也是琼崖抗战胜利的重要原因，更是党在琼崖更加地开展思想政治教育始终坚持群众性原则的重要成果。抗日战争时期，琼崖人民群众在地下党员的组织带领下成立抗日武装，在传递重要情报和运送军备物资等方面为琼崖纵队抗日斗争提供了巨大帮助。通过各级党组织的宣传动员，广大群众纷纷有钱出钱，有力出力，以各种形式支持抗战，使琼崖抗战成为真正意义上的全民抗战。

4. 思想政治教育必须坚持马克思主义中国化、本土化

琼崖革命胜利的宝贵经验之一是坚持以马克思主义基本原理为指导，推进马克思主义中国化、本土化。抗日战争时期，琼崖共产党人在艰难的斗争环境中始终坚持以马克思主义的立场、观点和方法来指导抗日斗争，并将马克思主义理论与琼崖本土文化、琼崖抗日实际相

结合，丰富和发展了中国化的马克思主义理论，使党的思想政治教育工作开创了新的局面。

　　做好思想政治教育工作，必须以马克思主义中国化、本土化为基础。而推进马克思主义中国化、本土化，必须坚持实事求是的原则。在琼崖抗日战争中，中共中央在关于琼崖地区建立持久抗战的中心根据地问题上曾电示琼崖特委："五指山脉一带山地，将是我们长期抗战的最后的可靠根据地。其他沿海地方都有敌伪盘踞的可能。只有有了夷民、山地作为我军的巩固后方，我们才能支持长期抗战。"① 琼崖特委根据琼崖抗日的实际情况，对琼崖抗日形势作了具体分析和部署，并没有立即执行中共中央的这一指示，而是分析了五指山山区的实际情况，认为当时国民党的军队在此地区势力较强，加之该地区聚居的黎、苗少数民族人民对琼崖共产党还缺乏足够的认识，短时间内进军五指山的条件和时机都不成熟，因此决定西撤开展游击战争，积极创造条件、准备等待适当的时机再进驻五指山。琼崖纵队领导人之一庄田曾经指出："本来，早在我从延安来琼崖时，周恩来同志就代表党中央指示过我们，要开辟五指山根据地。我们对党中央的这一指示的执行，是从琼崖实际情况出发的。当时琼崖正处在国民党制造反共内战的前夕，为了粉碎国民党掀起的反共高潮，我军被迫集中主要兵力打退国民党反动派的疯狂进攻。接着，我军又投入严酷的反'蚕食'反'扫荡'斗争，还来不及腾出手来开辟山区工作。只有在琼文地区反'蚕食'斗争后期，我军主力向外线挺出，先后在西部的澄迈、临高、儋县和东部的六连岭地区开辟新的抗日地区，使我军在五指山外围，建立了数个抗日游击根据地，站稳了脚跟之后，才有可能集中力量，开辟五指山中心根据地。"② 一位琼崖老党员也曾分析："有人认为，建立五指山革命根据地很重要，琼崖党在抗战开始就应该在五指山腹地建立革命根据

---

　　① 《中共中央书记处对琼崖工作的指示》（1940 年 11 月 7 日）。《琼崖抗日斗争史料选编》，1986 年版，第 21—22 页。

　　② 《琼岛星火》第 18 期，琼岛星火编辑部 1989 年版，第 149—150 页。

地。这个意见从需要来讲是对的，但从可能来讲又是不对的……因为海南抗战初期国民党反动派的军事力量比我军强大七八倍，而且五指山腹地是琼崖国民党反动派的主要避难所，是他们赖以生存的巢穴。在抗战初期，敌我力量对比如此悬殊，同时在国共合作尚未破裂的情况下，我军不应该也不可能插进五指山腹地，与国民党反动派争地盘建立根据地。"① 琼崖特委不唯上，不唯书，坚持一切从琼崖实际出发，实事求是的思想路线，在具体分析琼崖纵队面临形势的基础上，果断作出西进发展抗日根据地，时机成熟时再南下开辟五指山根据地的决策。实践证明，这一决策是十分英明和正确的，是在琼崖革命进程中琼崖党组织将马克思主义中国化、本土化的一个实践范例。这对于琼崖全体共产党人，也是一次生动的实事求是思想路线教育。

_____

① 《琼岛星火》第 18 期，琼岛星火编辑部 1989 年版，第 151—152 页。

第五章　解放战争时期党在琼崖纵队的思想政治教育

　　琼崖纵队是中国共产党领导的琼崖武装斗争的重要力量。1927年琼崖四二二反革命政变后，中共琼崖特委发动全琼武装总暴动，建立了琼崖人民武装——琼崖讨逆革命军（后改为琼崖工农革命军、琼崖工农红军）。抗日战争爆发后，党领导的琼崖人民武装先后改为广东民众抗日自卫团第十四区独立队、独立总队、广东省琼崖游击队独立纵队。1947年10月，根据中央军委指示，独立纵队改为中国人民解放军琼崖纵队，冯白驹任纵队司令员兼政治委员。抗日战争胜利后，党在琼崖纵队的思想政治教育的开展，有力推进了琼崖解放战争的胜利进程。

一、党在琼崖纵队的思想政治教育内容

　　思想政治教育的内容作为思想政治教育的一个基本要素，是思想政治教育目的和任务的具体化，也是思想政治教育工作开展的基本条件。中国共产党在琼崖纵队的思想政治教育内容，是党根据战争发展形势和琼崖纵队广大指战员的思想状况而确定的，主要有形势教育、阶级教育、党性教育、战斗精神教育、群众观点教育、团结互助教育等几个方面。

（一）形势教育

　　正确认识形势，统一全体指战员的思想，是党领导琼崖纵队夺取

琼崖解放战争胜利的重要保证。抗战胜利后，琼崖特委根据纵队指战员的思想状况，及时进行深刻的形势教育，一是克服内部存在的和平幻想，做好琼崖自卫反击战争准备；二是正确认识中共中央关于琼崖纵队"北撤"的指示以及中共广东区委关于琼崖纵队"南撤"的指示，克服琼崖纵队指战员的思想混乱。

抗战胜利后，中共琼崖特委面对琼崖越来越严重的内战危险，首先进行以克服和平幻想为主要内容的形势教育，以统一琼崖纵队广大指战员的思想。形势教育的重点是正确看待抗战胜利后的琼崖时局，让广大党员和战士克服和平幻想，在思想上、行动上做好自卫反击战争的准备。

1946 年 1 月琼崖特委在白沙县城牙叉镇召开党、政、军机关科级以上干部参加的扩大会议。会议分析了当前琼崖斗争形势，对琼崖内战是否可能爆发进行了热烈的讨论。琼崖纵队副司令员庄田、李振亚认为：全国既已停战，而琼崖属于中国的一部分，也在停战范围内，这是没有问题的。但由于琼崖本身有特殊情形。从国民党第四十六军来琼后不断蓄意挑起事端，制造武装冲突来看，琼崖内战已迫在眉睫。如果掉以轻心，不认真做好战争动员，准备应付突然事件，就要犯大错误。冯白驹指出："和平对我们来说，本是件大好事，力争是毫无疑义的。但从琼崖的实际情况看，国民党是以和平为幌子，掩盖其准备发动内战的阴谋。琼崖并不是什么和平为主流的问题，而是急需准备战争、应付战争问题。"[①] 基于这些基本认识，会议决定一方面加强宣传攻势，呼吁和平建琼，另一方面做好粉碎国民党军队大举进攻的自卫战争准备。

牙叉会议后，为了应对内战危险，加紧教育干部，坚定干部战士的政治立场，提高自卫反击战的斗争情绪，对没有信心的、不敢坚持斗争的干部必要时给予撤换调整。同时，精简军队领导机构，加强军

---

① 参见琼崖武装斗争史办公室编《琼崖纵队史》，广东人民出版社 1986 年版，第 199—200 页。

队基层管理，成立五个区的党的临时委员会，实行党政军一元化领导，各地临委书记同时任各支队政委。如，琼文临委书记李明兼任第一支队政委；东定临委书记陈青山兼任第二支队政委。此外，开展政治攻势，揭露国民党内战阴谋，加强民兵和地方武装组织建设，消除纵队干部脱离群众，不敢发动群众斗争的错误做法。

通过对广大指战员进行琼崖当前形势的教育，使琼崖党内和军内初步统一了思想，为随后爆发的琼崖内战做好了应对准备。

1946 年 2 月，琼崖内战全面爆发。面对国民党军队的大举进攻，琼崖特委领导的琼崖纵队进入艰苦的斗争时期。琼崖内战爆发后，党在琼崖纵队还通过实事求是的形势分析和形势教育，平息琼崖纵队因"北撤"、"南撤"指示而带来的思想风波。

1946 年 2 月，在琼崖纵队与国民党第四十六军浴血奋战之际，中共广东区党委派符气岱来琼传达中央关于琼崖纵队"北撤"的指示和广东"和谈"三项协议的指示，主要内容是：把琼崖纵队"北撤"，人数 1900 名，由美舰运送到山东。"北撤"人员主要是干部，对不撤退的人员作适当安排或暂时复员，以等待革命高潮的到来。为了贯彻中央指示，琼崖纵队立即召开会议研究，一致认为，"北撤"是为了和平，但琼崖全面内战已经爆发，能否安全渡海"北撤"，"北撤"后琼崖革命又将如何坚持和发展，都将成为问题。经过充分的讨论，会议认为这个问题不能采取简单决定执行或不执行的态度，而是应做好两手准备：一面进行"北撤"的准备工作，力争实现和平；一面进行自卫反击，继续坚持斗争。

由于个别人员走漏了"北撤"消息，造成了部队的思想波动。有人认为和平问题已解决，产生盲目乐观兴奋和斗志松懈现象，还有的人认为斗争已经失败，产生悲观情绪，更有部分人投敌叛变。针对"北撤"风波，1946 年 6 月 14 日琼崖特委发出"坚持自卫斗争的新指示"，检讨半年来的和平幻想和对琼崖的政局认识不清而做出"一个月内北撤"的错误估计，在思想上扫清"北撤"幻想。同时，继续坚持自卫反击战，在全军内部政治上开展有效的动员工作，积极鼓起坚持斗争的信心和决心，以党员为核心，号召纵队干部要掌握队伍的思想动向，做好战斗的思想准备，把全军指战员的思想更好地武装起来。[①] 此外，琼崖纵队领导干部要带头自我检讨，各种消极思想要加以批判，在实际斗争指导与努力奋斗中改变过来，以身作则带领纵队全体指战员克服与转变，加强对基层部队的思想引导。

由于广东国民党当局不承认琼崖共产党和琼崖纵队，企图借机消灭琼崖纵队，使琼崖纵队"北撤"山东的计划未能实现。"北撤"风波刚过去不久，"南撤"问题又困扰着琼崖纵队，中共广东区党委考虑到，东江纵队"北撤"后，国民党当局会增加琼崖的军事力量，使琼崖纵队陷入斗争困难境地。为保存革命力量，决定琼崖特委将琼崖纵队主力撤往越南。如何面对"南撤"指示，又是琼崖特委面临的巨大考验。

首先，琼崖特委和纵队领导立即对形势进行分析，敌人正对琼崖纵队疯狂围剿，如果强行"南撤"，将会有全军覆没的危险，即使安全撤出琼崖，未来琼崖革命力量如何打回来还未可知，而根据目前的琼崖纵队情况，是完全有条件可以坚持下去。其次，广东区党委后来指示，是否"南撤"，由琼崖特委视情况而定。琼崖特委领导吸取"北撤"风波的教训，在将情况向广东和中央汇报的同时，强调在正式决定作出之前，对"南撤"指示严格保密，不允许任何人泄露，以免再次引起思想混乱。最后，琼崖特委经研究，一致决定暂不执行"南撤"指示，一面向中央请示，要求继续坚持孤岛斗争，一面号召全军坚持斗争，击退敌人进攻。

10月26日，琼崖特委以冯白驹、黄康、李明的名义，把关于琼崖斗争的问题致电中央，提出了"南撤"的问题意见："我们一致认为：如执行此指示，不但碰到无港口、少船只的困难，而且整个工作要垮台了。因为我们有一个经验，就是当传达粤三项协议准备"北

---

① 参见《中共琼崖特委执行上级指示继续坚持自卫斗争的工作决议》（1946 年 6 月 14日）.《琼崖解放战争史料选编》（上），1989 年版，第 59—60 页。

撤"时，一般士兵与工作人员，以至下级干部，都极感悲观与不安。……倘使中央认为今后的粤琼必更黑暗，为保存干部应即大批撤退，我们必坚决执行。但如中央认为，自卫战争之结局，只要琼崖坚持得好，中央至少必能争取粤三项协议的实现或更大的成果；那么，我们有坚强信心与办法，坚持斗争，绝不能给敌人打垮。"① 10 月 30 日，由毛泽东拟稿，中央就"南撤"问题给琼崖特委批示："你们意见很对，你们应当坚决斗争扩大军队……你们应以占领整个海南岛为目标，将来再向南路发展，你们《坚持自卫反击再决议》是正确的。"② 中央的指示肯定了琼崖特委坚持琼崖斗争的决策，澄清了是非，指明了革命斗争方向。

琼崖特委根据中央指示，及时作出决议：一，切实清算琼崖纵队在政治上所犯的毛病，消灭战士对自卫斗争的缺乏信心，消灭个别支队为着私打算而不顾执行决议与英勇作战，消灭纵队指战员对斗争发生动摇、叛变、妥协、投降、自首、逃跑的死亡病态，同时反对麻木不仁及轻敌冒险，彻底认识把握当前战争的特点、性质与前途，进行思想的动员和教育，把我们的头脑正确武装起来，而且实现到行动中，干部应该做好这一工作，以便加强战争的领导。二，教育广大战士，军事上的进攻要积极主动，各支队的主力大队，按情况集中行动，消灭敌人的有生力量，展开破击工作，反对行动迟慢、观望不前、错失良机，反对只管战斗不管消耗，反对游而不击、观战怕战，反对借口困难而消耗战斗，反对单纯的军事观点，反对军事孤立不缺的党政与人民的配合，纵队的军事斗争应该是周密的、全面的。③

琼崖特委面对复杂的局势，运用马克思主义基本原理，结合本地

① 《冯白驹、黄康、李明关于琼崖斗争成败关键问题的请示》（1946 年 10 月 26 日）。《琼崖解放战争史料选编》（上），1989 年版，第 96—97 页。

② 《中共中央关于应以占领整个海南岛为目标给冯、黄、李的复示》（1946 年 10 月 30 日）。《琼崖解放战争史料选编》（上），1989 年版，第 98 页。

③ 参见《中共琼崖特委关于继续坚持自卫反击战的再决议》（1946 年 10 月 26 日）。《琼崖解放战争史料选编》（上），1989 年版，第 93—94 页。

实际情况对待上级指示，做出了正确的形势分析，制定了正确的行动策略，表现出了丰富的革命斗争经验和驾驭复杂局势的能力。琼崖特委通过开展形势教育，扭转了党政军内部思想混乱的局面，使琼崖军民万众一心，加速了琼崖解放战争的进程。

（二）阶级教育

解放战争时期，党在琼崖纵队进行的阶级教育有助于启发广大指战员的阶级觉悟。阶级教育的主要形式是诉苦、挖苦根、杀敌报仇和"三查"。

琼崖纵队的阶级教育以诉苦为切入点。尤其是新加入革命队伍的战士，许多新战士刚从后方进入部队，缺少应有的学习和锻炼，因此进行阶级教育前要做深入的动员，使广大战士认识到为什么要诉苦，诉苦起来才会热烈，先集中全队动员，然后分组讨论，再集中全体讨论。首先，每个中队要组织和选取核心组，参加核心组的人要具有两个条件：一是经历痛苦比较多；二是思想觉悟比较高，能够主动来诉苦，在运动中能起到模范带头作用。其次，小组进行酝酿诉苦。先由核心小组本身展开诉苦，然后整理成诉苦报告，召开全连诉苦大会时，由核心组带头诉苦，用核心组的苦来引导战士们的苦。最后，让大家在诉苦大会上自由地尽量诉苦，大会要接连不断地开，一直全部人员诉苦完才结束。在诉苦过程中，各部队领导还注意解释批判战士们可能产生的非阶级感情的偷笑，纠正在诉苦中随便批评别人的苦少或不值得诉等。① 在诉苦运动中，部队政治工作的领导干部起到了很好的带头激励作用。

琼崖纵队的阶级教育以挖苦根为动力。挖苦根的主要目的是找出"三根"，即苦根、穷根、冤根，其形式大多以班为单位分开讨论，分组讨论完以后，召开全连大会，由各班报告挖"三根"的意见，虽然

---

① 参见《琼崖区党委关于加强地方部队政治工作的指示》（1948 年）。《琼崖解放战争史料选编》（上），1989 年版，第 435—436 页。

意见是各种各样的，但领导上不做归纳总结，避免使战士们自觉形成的阶级觉悟变成客观接受，领导上将各种意见分类列出来，让不同意见的小组展开研究辩论，让正确意见的小组克服不正确意见的小组，不正确意见的小组被说服后站在正确意见小组中来，一直发展到全体同志都参加了正确意见的小组。这种挖苦根的思想政治教育方法，是一个生动丰富的自我教育的过程，最后归纳出意见和结论，把正确的结论写成口号来呼吁宣传。

琼崖纵队的阶级教育以杀敌报仇为目标。首先发动纵队全体指战员，认清共同的任务，为死难的父母、兄弟、姐妹和同胞复仇，然后进行班为单位的小组讨论，个人起草杀敌复仇计划，从班的集体计划发展到全排全连的计划，最后召开复仇大会，布置公祭，采扎花圈，做灵牌，起草宣誓书，让战士们当众宣读，立誓复仇，公祭时让广大指战员自由发表意见，哭泣宣誓，尽量让大家相互鼓励、相互监督，同时复仇大会过程中布置晚会，上演诉苦复仇剧，让大家将实际材料编话报、编话剧、土剧等，上演时还尽量发动群众参加，使军民增进感情。[①] 在进行复仇运动时，琼崖纵队灵活运用政治工作组织系统，及时了解运动的情况，使运动有很大成效。

琼崖纵队的阶级教育以"三查"为保障。"三查"即查阶级、查动机、查斗志，是对琼崖纵队指战员政治素养的检验，这一工作的提出，是为了进一步提高琼崖纵队队伍的阶级性。"三查"是与挖苦根、杀敌报仇工作密切联系的，广大战士的阶级觉悟提高了，就容易开展"三查"工作。首先，要让战士们明白为什么要查阶级，尤其是那些出身成分不好的同志，打消他们的疑虑，查阶级就是为了大家认识自己是什么阶级，以便好站稳立场工作；其次，查动机是为了端正战士们的参军目的，排除特务奸细混进来，让同志们坦白说出来队动机，然后进行分组讨论，使大家自己认识到哪种动机好，哪种不好，以获

---

① 参见《琼崖区党委关于加强地方部队政治工作的指示》（1948 年）。《琼崖解放战争史料选编》（上），1989 年版，第 436 页。

得一致的认识，改变不好的动机；最后，查斗志是让广大指战员反省自己战斗上是否英勇顽强，斗志过程中是否有动摇、逃跑现象，是否存在地方主义倾向，分小队进行讨论，然后提交大会讨论，进行自我检查，锻炼好自己的斗志。①

琼崖纵队进行的阶级教育，提高了广大指战员的政治觉悟。通过诉苦、挖"三根"，使广大指战员认清了阶级、认清了敌人，每个指战员都明白自卫反击战争是为了自己和琼崖人民的解放。这就大大激发了部队战士英勇献身的自觉性，提高了广大指战员的思想觉悟和政治热情，从整体上增强了部队的革命意志，从而为琼崖纵队转入战略反攻做好了思想上、政治上的准备。

（三）党性教育

中国共产党是琼崖纵队的领导者。党员是否能够发挥先锋模范作用，琼崖党组织是否团结统一，是琼崖纵队能否取得胜利的关键。有鉴于此，琼崖党组织将党员的党性教育作为琼崖纵队思想政治教育的核心内容。

整党是党性教育的关键。整党在总的方面是进行"六查"：查阶级、查立场、查思想、查作风、查工作、查生活。全党必须进行由上而下的刷污运动，审查干部，学习文件，并且紧密与各种斗争联系起来，学习掌握毛泽东思想，学习掌握党中央路线、政策，根据学习所得，联系实际，展开批评与自我批评。必须使全军深刻认识到，整党工作的成败，关系到琼崖纵队的兴衰，关系到全琼三百万人民的生存和解放。正如毛泽东所说："全党同志必须明白，解决这个党内不纯的问题，整编党的队伍，使党能够和最广大的劳动群众完全站在一个方向，并领导他们前进，是解决土地问题和支援长期战争的一个决定性的环节。"②

---

① 参见《琼崖区党委关于加强地方部队政治工作的指示》（1948 年）。《琼崖解放战争史料选编》（上），1989 年版，第 437—439 页。

② 《毛泽东选集》第 4 卷，人民出版社 1991 年版，第 1253 页。

　　刷污运动是党性教育的前提。刷污运动的内容，主要侧重于查工作、查生活、查作风的"三查"运动，全体纵队党员从上级到下级必须全部参加，以支部为单位，开全支大会来进行，以自刷和互刷为原则，先由自己对自己的污点作自我反省的深入检讨，然后由各同志提出批评意见，旨在弄通思想、克服和改正污点。因此，刷污必须要求彻底，不让同志们存在一点污点，一次支部大会刷不清，可以多开几次，只求查清问题，不作时间限定。刷污是改造同志，并不是寻仇报复，打击同志，所以问题的提出大多数是善意的，诚恳和蔼的态度，而不是粗暴与冷嘲热讽的态度。① 在支部进行刷污运动中，还发动了非党员群众参加，要求非党员群众对纵队中每一个党员提出意见，实行群众检举与监督，为求刷污的深入推动，领导干部首先自刷，对于有污点又不肯承认的同志，严格执行党的纪律。

　　审查干部是党性教育的保障。审干的侧重点是查阶级、查立场、查思想，刷污运动中已经进行的，一般都不再重复。审干的原则是：第一，纵队内各干部写反省传，叙述个人为人民服务的整个历史过程；第二，在同一支队的干部，作集体的自审与互审，展开深入的批判斗争；第三，上下互审，下级审查过程与个人反省传必须递送到上级党委审查，以作最后结论，但在递送的过程中，各级组织要有他审的意见，在上级自审和互审的时候，下级对上级的同志也要提出意见，充实审查的内容，实施党员监督党的要求。在审查干部中主要强调的是思想弄通，立场立正，阶级成分不容忽视，但不能过分强调。② 琼崖纵队内部的审查党员干部是一件繁重而细心的工作，也是一件改造思想、改造工作、纯洁和巩固组织的过程。

　　学习文件是党性教育的重要环节。学习文件是为了精通和掌握党的路线、方针、政策，也是改造工作的关键。琼崖全党全军必须参加学习文件运动，特别是领导干部，要积极学习，起到示范带头作用。

---

　　① 参见《琼崖区党委关于整党工作的决议》（1948 年 3 月 30 日）。《琼崖解放战争史料选编》（上），1989 年版，第 324—325 页。

　　② 同上书，第 325—326 页。

学习的文件主要包括：《毛泽东关于目前形势与任务的报告》、《双十解放军宣言》、《土地法大纲》、《怎样分析阶级》、《中央关于老区半老区土改与整党的指示》，这五种文件作为学习的标准。学习文件，以精通为原则，学习一件必须弄懂一件，反对马虎从事和学而不得的作风。各级干部与一般战士的学习，要以集体报告形式呈现，并在政治课和文化课上，将文件的中心内容进行教育与讨论，每学习完一个文件后，要总结学习经验，各总队要总结全体和个别学习情况，向纵队政治部和党委报告。①

党性教育作为琼崖纵队思想政治教育的重要内容，是琼崖纵队思想政治教育工作跟上中国人民解放军正规化建设的重要标志。它使琼纵指战员的思想政治觉悟有了明显的提高，革命意志和热情得到了极大的增强，部队的组织性、纪律性和革命团结意识得到大大加强。党性教育活动提高了琼崖纵队整体的战斗力，达到了党内思想改造、组织纯洁的目的，为琼崖纵队转向战略反攻，发动春、夏、秋攻势，做了重要准备。

（四）战斗精神教育

战斗精神，是琼崖纵队克敌制胜的重要法宝，是决定琼崖解放战争胜负的精神支柱。战斗精神是战斗力的构成要素，是军人信念、勇气、意志和精神状态的集中反映。解放战争时期，琼崖纵队在面对兵力和武器都优于自己的敌人时，通过对全军进行战斗精神教育，使纵队全体指战员进一步增强了顽强的战斗作风，最终配合大军取得了琼崖革命的胜利。

琼崖纵队的战斗精神教育包括立功教育和斗志教育两个方面。立功教育是琼崖纵队根据各支队、各大队的实际情况和不同特点，结合琼纵司令部政治部在1948年12月颁布的《中国人民解放军琼崖纵队

---

① 参见《琼崖区党委关于整党工作的决议》（1948年3月30日）。《琼崖解放战争史料选编》（上），1989年版，第326页。

立功条例》（下简称《立功条例》）而开展的。

　　琼崖纵队通过立功运动培育战斗精神，具有四大特点：第一，思想动员，教育为先。各大队在完成了诉苦为形式的阶级教育后，通过对战士们讲解立功运动的内容、意义，向大家说明什么是立功，为谁立功，怎么样立功等基本问题，宣传各大队涌现的英雄模范事迹，打好指战员的思想基础。第二，制订计划，把握方向。为发挥广大战士们高度的主动性和创造性，把立功运动办成群众性和集体性的活动，各大队要求根据自身的特点和实际情况，制订切实可行的立功计划，把握运动发展的方向。如闽江队要求全班计划通过个人胜利去完成，个人的立功计划更要按照个人的能力、工作岗位进行具体布置，班长在完成全班计划杀敌数后还要负责全班人的指挥射击，在作战时做到打不着不打，不瞄准不打。第三，建立制度，反思总结。在《中国人民解放军琼崖纵队立功条例》中，对立功标准和评功方法进行了明确的规定，特别是在指挥作战、部队作战、个人战斗、领导管理、军事生产等方面给予了细化标准，并且在评功方法上，明确要求建立群众性的评功委员会，由人民群众大会民主选举产生，负责考查评定立功者的功劳事迹，并报纵队司令部立功给奖。第四，奖功及时，庆功热烈。为了使立功运动深入持久，各大队都严格按照《立功条例》来鼓舞人心、激励战士，《立功条例》中明确规定：琼崖纵队司令部是立功与奖功的机关，所属各部门、各部队，已建立功劳并经群众性评功委员会评定后应及时向本部申请定功给奖，奖功分为普通级和特别级两种，奖励分为五种：传令嘉奖、荣誉称号、记名、物资奖励、奖章奖旗。[①] 这些隆重的授旗、庆功活动本身就是思想政治教育的灵活形式，极大地激发了广大指战员的荣誉感，也对军属和人民群众起到了鼓舞振奋精神的作用。

　　琼纵各队经过普遍开展的立功运动后，琼崖纵队广大指战员的战

---

　　① 参见《中国人民解放军琼崖纵队立功条例》（1948 年 12 月）。《琼崖解放战争史料选编》（上），1989 年版，第 432 页。

斗精神得到显著提高。淮河队在传达动员令以后，干部和战士分别检讨和反省过去，对过去在平原作战表现的好与坏进行总结，以保证完成立功计划；南征队传达动员令后，立功计划按照"三查""三整"后的计划布置，配合立功粤江队在保亭祖关市集中全军誓师动员，到会的人员2000多名，设置简单的会场，经过训词演说鼓舞之后，全军举手立誓："我们奉命开到蒋管区作战，大量歼灭敌人，解放人民，建立民主政权，保卫人民利益。我们是人民解放军，誓必服从命令，遵守纪律，团结一致，争取胜利。如有违反命令，损害人民利益行为，愿受纪律制裁。"① 战士们高呼口号，鼓励士气，好战杀敌的情绪很高，誓师大会结束部队行军至光岭作战，在光岭战斗中，队伍在60多里的行程中，黑夜长途跋涉，不怕艰苦，没有一人落伍进行两天的疲劳作战。淮河队坚守光岭阵地，三次打退敌人的猛烈冲击，配合友邻部队歼灭敌人取得胜利。这些都是立功运动中涌现的英勇作战事例。

斗志教育是提高战斗力的重要思想保证。琼崖纵队政治部根据战役行动的意图任务和情况分析，写出战役动员大纲，作为各队动员的基本内容，使广大指战员坚决执行命令，遵守纪律，发挥高度的积极性和勇敢性，为人民立功攻克城市，大量歼灭敌人，利用红黑点运动、三牌运动等形式来进行斗志培育，鼓舞部队士气，提高部队的战斗力。

斗志教育以红黑点运动为基础。红黑点运动是琼崖纵队第三总队根据纵队开展群众性的斗志教育形势而创新的一种鼓舞队伍斗志、自我激励的动员教育形式。其查比内容包括斗志、技术、干部指挥战士利用地形地物做工事等。在经过总队干部动员后，开军人大会进行总结，先由各战士报告，再展开群众性的评论研究，战士表现出好的行为就记红点，坏的就记黑点。淮河队期初一般的好坏点都记红黑点，

---

① 《琼崖纵队政治部关于秋季攻势政治工作总结》（1949年1月）。《琼崖解放战争史料选编》（下），1989年版，第29页。

后来改变为特别显著的好坏点才计算登记。闽江队为鼓励战士，有时一个优点按照不同方面来记多个红点。经过普遍的红黑点运动后，总队战士的士气不但得到了巩固和提高，而且在工事技术上也有不少进步。据不完全统计，单是淮河队就有30多名战士，在动作技术就有了明显的进步。[①]

斗志教育以三牌运动为保证。按照查斗志后的评定，将最好、一般、最差三种战士的斗志区分为红、蓝、白三种牌，作战勇敢的战士为红牌，斗志一般的为蓝牌，怕死的为白牌，在战斗时把这三种颜色的牌子分发给各队的政治工作人员，对战士们的作战情况进行评判：见英勇作战的战士发红牌以鼓舞，见贪生怕死、懈怠战机的战士发白牌以警示。这样一种激励状态下，全军战士英勇杀敌，争取红牌，拒绝白牌。[②]

解放战争时期党在琼崖纵队进行的战斗精神教育，培养了琼崖纵队广大指战员顽强的战斗精神，极大地提高了琼崖纵队整体的战斗力水平。它体现了党的思想政治教育灵活性、针对性、有效性原则，对琼崖纵队配合大军取得琼崖革命的胜利起到了极为重要的作用。

（五）群众观点教育

密切联系群众是党的三大优良作风之一，也是琼崖纵队战胜敌人的重要法宝。党在琼崖纵队进行的群众观点教育就是重视人民群众，依靠群众，服务群众，争取人民群众的支持。这是取得琼崖解放战争胜利的关键因素。

首先，教育部队重视人民群众。党在琼崖纵队开展的群众工作教育是战略反攻中的一项重要任务。在各总队发动三大攻势和战略反攻的情况下，大批部队会进入敌占区城市中心，势必影响人民群众的正常生活和秩序，加之国民党对琼崖人民迷惑性的宣传和对我军的恶意

---

①　参见《琼崖纵队政治部关于秋季攻势政治工作总结》（1949年1月）。《琼崖解放战争史料选编》（下），1989年版，第31页。

②　同上书，第34页。

攻击，部分城市民众对我军还处于观望状态，甚至有个别地方存在我军战士与民众的冲突。为加强对整个纵队的群众工作教育，使战士们牢固树立依靠人民群众、服务人民群众的观点，琼纵司令部政治部制定了明了易记的《城市守则》和"五不走"、"三穷掉不做"的《民众守则》。要求部队除必要的工事外，不准破坏城市建设，要遵守群众纪律，采取保护工商业等措施。琼纵在全军进行群众工作教育时，各队根据各地的具体情况，分头在自己驻地内开展群众工作。通过宣传教育，收到了良好成效。广大人民群众不仅在粮食上支援我军，甚至提供了一些至关重要的情报。如光岭战斗中，很多民众引导我军指战员侦察地形做工事，打起仗来三五成群，登高观战，战斗结束后，帮助背扶受伤战士。①

其次，教育部队保障琼崖人民利益。在战略反攻时期，琼崖纵队政治部根据整个战役意图和任务，在动员大纲中提出：在解放陵水工作中，强调部队的民众纪律和城市政策的执行，并制定出城市守则。到保亭后，前线政治部发出群众纪律守则来动员：不拿人民一针一线、对民众说话和气、有事和民众商量、买卖公平、大便要到厕所去、不折民众篱笆烧火、尊重风俗习惯等。在誓师大会上号召全体指战员绝对服从命令，遵守纪律，结合民众。各队接到政治部指示后，按照不同的实际情况，有针对性地开展思想政治教育工作。其中，粤江队向全队宣传新区纪律政策的意义，说明新老区不同的情况，号召同志们反省检讨。"南征队首先召集干部进行动员，提出问题，研究怎样保证执行纪律，特别强调干部切实执行纪律政策，做全军的模范。战士则分几次在政治课上教育，按照群众纪律内容，逐条教育和研究。其余各队均做一般的动员，至于城市纪律和城市政策的教育多数等到城市战斗行动时，才根据当时的具体任务进行动员。"② 由于

---

① 参见《琼崖纵队政治部关于秋季攻势政治工作总结》（1949 年 1 月）。《琼崖解放战争史料选编》（下），1989 年版，第 46 页。

② 《琼崖纵队政治部关于秋季攻势政治工作总结》（1949 年 1 月）。《琼崖解放战争史料选编》（下），1989 年版，第 46 页。

在行动中各级干部对这一工作比较放松，琼纵又发出"关于群众纪律检讨指示"，要求全军再度展开深入的政治动员，特别是犯过错误的同志更要严格地反省检讨，使这个动员工作造成群众性的运动，要自觉遵守纪律，加强驻地纪律的检查，组织干部纪律检查组，实行借物登记交还的做法。

最后，教育部队服务琼崖人民。为人民群众服务主要表现在两个方面：一是军民合作解决困难。闽江队驻地是缺柴烧火的地方，炊事班的同志很难拾到柴草。遇到这个困难后，部队领导和民众商量后决定，合理分配各户负责要柴煮饭，实行军民变工，互相帮助解决困难，战士替民众担水、煮饭、喂猪，民众则帮助部队拾柴，这样有效解决了部队柴火不足问题。二是强调纪律争取民众。南征队驻地黎曼村一带，由于国民党长期统治，种种欺骗宣传，民众对我军完全不了解，琼纵部队初到时，大批民众放弃财物和房子，都纷纷逃到山上，部队领导根据当时情况，号召全军遵守群众纪律，做到秋毫无犯，不仅帮助逃跑的民众把遗留的财物整理好，还帮助民众放牛、喂猪、喂鸡，并派部队把群众从山上护送下来，得到了当地群众的一致好评。粤江队自动发起有组织地帮助农民割稻运动，广大战士积极报名组成帮工队，每天都有二三十人下田割稻收谷，民众都纷纷感激，杀鸡做饭优待战士，但战士们婉言拒绝。① 这些亲民和爱民的教育，拉近了军民的距离，树立了琼崖纵队的良好作风和形象。

（六）团结互助教育

随着琼崖解放战争的进行，有一大批新战士先后补充到部队中，琼崖纵队的战士主体成分开始走向多元化。有在俘虏中策反的解放战士，有土改翻身后的新战士，有解放敌军到我军的解放战士，还有经历琼崖革命的老战士，这几种战士之间存在一些矛盾。为了统一思

---

① 参见《琼崖纵队政治部关于秋季攻势政治工作总结》（1949 年 1 月）。《琼崖解放战争史料选编》（下），1989 年版，第 47—48 页。

想，增进团结，化解矛盾，党在琼崖纵队中开展了团结互助教育。

团结互助教育具有针对性。对于解放战士和新战士的教育有的放矢，才能在短时间内提高他们的阶级觉悟，克服各种不正确的思想认识。同时，教育老战士不应该有害怕新战士来的不正确思想认识，或者厌弃他们存在的一些落后思想和举动，指出这是新战士初来时不可避免的表现，只要耐心进行教育，这些问题是可以克服的。① 但是对解放战士的教育巩固工作要和新战士区别开来，除了同样给予解放战士帮助外，更要注意改造他们的不正确认识和作风，打破其"当差吃饭"的思想，确立其为人民服务的观点，使其能辨别两种军队的不同点，认清新的光明的出路，克服他们想家回家的念头，使其尽快适应和熟悉部队的集体生活，树立革命胜利的信念。

团结互助教育的内容具有实践性。由于部队是不断在前线行军作战，只有在战斗中进行教育帮助，才能适应战争发展的要求。比如在作战中，老战士必须具体地布置教会新战士如何去利用地形地物，瞄准射击，攻击前进；在日常生活中必须教育他们去认识和执行各种政策；在行军中又必须去帮助和团结新战士，老战士们随时随地去执行这项任务。② 为了有效执行互帮互助的任务，在各个连队中，普遍要求成立互助小组，由两三个老战士帮助一个新战士，并将他们组成一个小组，经常地进行互助工作。如第三总队按照进步、中间、落后，新旧强弱的程度进行布置团结互助工作，在利用地形地物时，在射击时，在做防御工事时，都采取互助组的方式，进行取长补短的互助。

团结互助教育具有自觉性。在团结教育巩固工作中，一方面有组织的领导，另一方面又发动老战士自觉执行。无论是解放战士还是新战士，由组织分配到各个单位后，应立即发动各个单位的老战士认领团结教育巩固若干人，研究团结教育的方法，这样能够提高老战士的自觉性和主动性，把团结教育巩固解放战士和新战士的工作当成自己

---

① 参见《冯白驹等关于团结教育巩固解放战士和新战士的指示》（1949 年 6 月 6 日）。《琼崖解放战争史料选编》（下），1989 年版，第 181 页。

② 同上书，第 180—181 页。

应有的任务，自主地想办法去做。"（一）要正确对待新战士教育的要求，在规定的时间内，把现有的新战士教育成为老战士。（二）号召老战士或来部队较早的新战士组织新战士互助组，经常指引帮助新战士和解放战士工作。（三）互助组除帮助新战士，生活工作上给新战士以各种帮助外，还要经常进行教育新战士，帮助新战士思想上的进步。（四）在对新战士的帮助教育工作中，领导上还要注意对新战士的检查和分解工作，联系到反特务斗争工作，这是对新战士工作中不可忽视的一点。"①

团结互助运动的前提和基础是进行革命友爱的教育。开展团结互助教育，团结教育新战士，有利于培养琼崖纵队新生力量的成长。它使全体战士能够清楚地认识到，团结互助和教育新战士是继续积极作战，完成战斗任务的保障，有助于把他们的积极性、创造性、主动性发挥到赢得琼崖解放战争的胜利上来。

二、党在琼崖纵队的思想政治教育方法

思想政治教育方法是思想政治教育过程中所采用的工作方法和教育方法，它直接影响和决定着思想政治教育的效果。科学的思想政治教育工作方法，是联系教育者和受教育者的桥梁，是把思想政治教育内容具体化的工具，也是完成思想政治教育目标的重要条件。解放战争时期，琼崖纵队能够出色完成思想政治教育任务，开展的思想政治教育工作卓有成效，都得益于琼崖纵队丰富多彩、科学有效的思想政治教育工作方法。解放战争时期党在琼崖纵队思想政治教育的方法主要有以下几种。

（一）理论教育法

理论教育法是琼崖纵队开展思想政治教育工作的一项集中有效方

---

① 《夏季攻势政治工作计划》（1949 年 6 月）。《琼崖解放战争史料选编》（下），1989 年版，第 190 页。

法。尤其是对广大基层指战员进行理论教育，使他们接受并明白思想政治教育的目的，坚定对敌作战的决心和取得解放战争胜利的信心是非常重要的。一方面，由于琼崖解放战争的残酷性，敌我军事力量相差悬殊，加上国民党反动派的疯狂进攻，使琼崖党组织和琼崖纵队一度处于被动状态，一些战士开始出现悲观、消极状态。这种状况，迫切需要进行思想政治教育。只有不断接受党的路线、方针、政策教育，才能使广大指战员掌握先进的思想理论，提高思想觉悟，坚定政治立场。另一方面，在解放战争期间，琼崖纵队在残酷的战争中伤亡较大，需要补充大量新战士。尤其是后期发起的参军运动和瓦解敌军运动，很多战士来自琼崖社会的各个阶层，来自广大农村的战士受教育程度较低，对党的思想理论认识几乎空白，对军队的组织纪律也认识较低。来自从俘虏中解放的新战士，政治思想觉悟更低，对党的政策纲领模糊不清。因此，不断地对他们进行马克思列宁主义、毛泽东思想等的理论灌输，是非常有必要的。毛泽东的《抗日战争胜利后的时局和我们的方针》、党的七大文件、冯白驹的《十年建军历史总结》和《党务工作总结报告》等文章和著作，都是当时琼崖纵队进行理论教育的经典范本。

理论教育法也是琼崖党校进行琼崖纵队领导干部培训、改造思想和作风，进行思想政治教育的主要方法。琼崖特委为贯彻党中央的路线、方针、政策，提高军政领导干部的思想觉悟和理论水平，特别重视对琼崖纵队的理论教育。党课教育是执行党中央及区党委所决定的路线政策方针，作为改进工作、改造思想的基本方向，一切教育内容都以此为出发点，以便确实提高干部的理论修养。党课教育材料大多来自琼崖区宣传部编的《中国共产党政策学习提纲》和党的七大文件。琼崖纵队的领导人都非常重视理论学习，琼崖党校的政策教育和党性教育课都是由琼崖特委书记、琼崖纵队司令员兼政治委员冯白驹亲自授课，其余课程由琼纵政治部主任黄康等人授课，用他们丰富的理论知识进行灌输，加之琼崖党校这个优秀的平台，为琼崖纵队广大指战员学习马列主义理论和毛泽东思想提供了良好的软硬条件和帮助。① 除了开办党校以外，琼崖区党委及琼崖纵队内部还不定期开设琼崖军政学校、政治教育班等进行理论教育。

（二）宣传教育法

宣传教育法是琼崖纵队利用报纸、口号、宣传单、政策文件等传播媒介向广大指战员宣传正确理论和先进思想的方法。宣传教育必须围绕党的中心工作，针对群众倾向性的思想认识问题进行，用以动员群众、组织群众为完成党的中心任务而努力。党在琼崖纵队运用各种宣传阵地、宣传工具，向纵队广大指战员宣传党的方针、政策。通过开展强大的宣传攻势，有效瓦解了国民党反动派，争取了大批中间人士参加解放战争。宣传教育法作为琼崖纵队思想政治教育的重要方法，主要包括三个方面。

一是通过报刊进行宣传教育。解放战争时期，琼崖地区创办的报纸开始雨后春笋般出现，例如，琼崖区党委②主办的《新民主报》，其他各地委创办的地方报，如，东区的《群众报》、西区的《先锋报》、南区的《前进报》、北区的《人民报》。特别是琼崖纵队内部创办的《建军报》和前线司令部出版的《火线报》，大力宣传琼纵取得的伟大胜利、敌人的溃败，号召琼崖军民消灭国民党反动派，揭露反动派大军来琼、美国援助、琼崖革命不能胜利的欺骗。这些报纸的出现，宣传了党的政策主张，宣传了党团结各阶层人士的政策，以及对敌人实行的宽大政策。③ 琼崖纵队各部重视对每期的最新报纸的利用，在军内开展读报、解报等工作，使琼纵广大指战员能够及时了解当前

---

① 参见《琼崖区党委关于党校工作的决定》（1949 年 2 月 27 日）。《琼崖解放战争史料选编》（下），1989 年版，第 96—99 页。

② 即中共琼崖区委员会。根据中共中央的指示，1947 年 5 月中共琼崖特委正式更名为中共琼崖区委员会，由中共中央直接领导。

③ 参见《琼崖区党委宣传部关于新形势与新任务下宣传工作的指示》（1948 年 12 月 5 日）。《琼崖解放战争史料选编》（上），1989 年版，第 415 页。

时事政治和战时情况，及时地接受党中央、琼崖区党委的指示和命令，坚定琼崖解放战争必胜的信念。

二是通过政策文件进行宣传教育。琼崖纵队积极利用上级和同级党委传达的政策文件进行选举教育，军内各级领导组织除了在传达讨论区党委的指示时，还对战士和干部进行有力的动员教育，以党的文件为中心，逐个开展深入的切实的讨论研究，学习方式按照整党学习的方式进行，不定期举办各种干部培训班，都以党中央、区党委的政策文件为教育中心，进行具体的解释教育，并联系实际情况加以检讨反省。琼崖纵队还组建了临时宣传队或访问团，参加宣传队的人必须首先对党的各种指示文件，特别是党的政策清楚明白，这样对其他人进行宣传教育时才能正确表达党的意见。宣传队和访问团深入琼崖纵队内部各小队及各地农村，访问军属和退伍军人，对党的政策进行口头宣传教育，散发宣传页，取得了思想政治教育的良好效果。

三是通过会议进行宣传教育。琼崖纵队内部不定期召开战士群众大会，以全军为宣传教育对象，由大队负责同志进行转达，作通俗易懂的实际事例的宣传解释教育，使广大指战员能够切实地理解体会。其中大部分的政治课，也都按照这个任务中心来教授。支队以上的机关团体，按时组织时事座谈会，每月进行一次到两次的时事研究，以此来进行政策的宣传教育。对广大战士也进行时事教育，了解广大战士的思想状况，解释他们所不明白或不理解的地方。

除召开群众大会外，琼崖纵队还利用演说、土戏、召开各种座谈会、招待会等形式，由当地军队负责干部进行宣传教育工作，并散发各种宣传品。这不仅有助于提高广大指战员战斗和工作的积极性，提高部队战士的工作效率，还能够及时了解和掌握党的政策，确保上级指示能够贯彻执行，迅速完成党的重要任务。党在琼崖纵队的宣传教育法发挥了重要思想政治教育作用。

（三）典型教育法

典型教育法也叫典型示范法。它是通过树立典型的个人或集体，教育人们提高思想认识的一种方法。典型教育法将原本抽象的说理变成典型人物或事件来实施教育，激起人们思想情感的共鸣，从而达到既定目标。党在琼崖纵队利用典型教育的直观性和形象性特点，通过树立以下三种典型，达到了强烈的感染效应，实现了思想政治教育目标。

一是干部典型教育。琼崖纵队政治干部的表率作用本身就是最好的思想政治教育典型。榜样的力量是无穷的，思想政治教育工作者的表率本身就是力量。政治干部要提高军事素养，军事干部要提高政治素质。在琼崖纵队关键战役中，军队领导干部站紧工作岗位、以身作则地去影响全队杀敌情绪是有很大作用的。如马六坑岭战斗中，敌人以强大火力冲锋时，第三总队第一团政委何敦锦与一个中队的战士共同坚守一个阵地，坚定广大战士的胜利信心，时刻与广大战士坚守在一起，鼓舞了全中队的杀敌精神，最终取得了战斗胜利。① 另外，在马六坑岭战役中，很多受伤的战士由于没有医务人员，没有充分的运输工具，造成个别伤亡人员不能及时处理或处理得不妥。在得知情况后，大队的干部和政工人员亲身扛运伤亡战士，引起其他同志也主动去扛运伤亡战士。在马六坑岭战斗中，广大指战员和战士生死与共，发扬革命友爱精神，及时把伤亡人员撤下前线，是取得战斗胜利的重要保障。领导干部身先士卒，以典型教育提高了思想政治教育的实效性。

二是团体典型教育。部队通过树团体典型，推广先进团体、先进组织的光荣事迹，使思想政治教育更具体化、形象化，更具有感染力和说服力。为进一步推广先进典型，广泛宣传动员学习先进模范团体，琼崖纵队于1949年6月28日在白沙县召开春季攻势庆功暨夏季攻势誓师大会，琼纵司令员兼政委冯白驹亲自将"英勇善战连"、"秋毫无犯连"、"巩固团结连"三面红旗分别授予一总队七团一连、

---

① 参见《琼崖政治部关于秋季攻势政治工作的总结》（1949年1月）。《琼崖解放战争史料选编》（下），1989年版，第43页。

三总队工兵连、三团九连。紧接着，冯白驹庄严地宣读了夏季攻势的命令，号召琼纵全体指战员在夏季作战中，发扬光荣，英勇杀敌。① 又如，闽江队的三中队在与敌人争夺阵地时，在政治工作中提出"要与光富队竞赛"，结果三中队的同志也打到了光富队的前面去。② 党在琼崖纵队以团体为典型进行的思想政治教育，有效地动员广大指战员向先进典型集体学习，发扬集体主义精神，大大提高了琼崖纵队的战斗积极性和战斗力。

三是个人典型教育。个人典型教育是通过树立模范人物进行的思想政治教育活动。在琼崖纵队政治部印发的《夏季攻势动员大纲》中，明确要求各部队学习春季作战中涌现出来的模范人物和英雄事迹，进一步发扬革命英雄主义精神，在部队中开展更普遍的红点立功运动，每个指战员、工作人员都应订立功计划，人人要在夏季攻势中努力做人们的功臣。在南辰战斗中，来自五指山区的黎族排长陈理文，率领突击队，英勇机智地一连突破敌人的几道障碍物，占领了敌前碉堡，为夺取战斗胜利立下了显赫战功，被琼崖纵队授予"突击英雄"光荣称号。③ 此后全军开展学习陈理文的运动，在随后的春季攻势中，琼纵广大指战员取得巨大胜利，也吸引了各地优秀青年纷纷踊跃参军。党在琼崖纵队开展的个人典型教育法，提高了琼崖纵队每个战士的立功积极性。广大指战员互相杀敌竞争，加速了琼崖解放战争的胜利。

（四）实践锻炼法

实践锻炼法又称实践教育法，是通过组织、引导人们积极参加各种社会实践活动，从而不断提高思想觉悟和认识能力，在改造主客观世界的过程中同时改造自己主观世界的方法。琼崖纵队开展的思想政

---

① 参见琼崖武装斗争史办公室编《琼崖纵队史》，广东人民出版社 1986 年版，第 265 页。

② 参见《琼崖纵队政治部关于秋季攻势政治工作总结》（1949 年 1 月）。《琼崖解放战争史料选编》（下），1989 年版，第 43 页。

③ 参见琼崖武装斗争史办公室编《琼崖纵队史》，广东人民出版社 1986 年版，第 258 页。

治教育工作中，始终坚持实践教育法，在部队驻扎休息或是战斗休整的期间，就开始进行授课教育，讲授的内容也往往联系战争实际，使短时间内广大指战员就可以运用到实践中去，坚持理论联系实际的原则，更好地理解和执行党的路线、方针、政策，在实践中不断提高战士的思想觉悟，确保完成战斗任务。其中，劳动实践和军事实践是党在琼崖纵队的主要实践教育方法。

在军事实践教育上，实行官教兵、兵教兵、官教官、兵教官等教育形式，互相帮助，互相学习。在教育上实现了教育与自我教育相结合，训练和实践相结合。琼崖纵队实行"作战技评"①，从实践中找出经验教训和典型范例，实现以战教战，把书本只作为参考教材，根据作战的要求确定训练的内容，实现理论和实践相结合。在平时的军事实践教育中，琼纵各大队实行了演习后进行评论，评论总结后再进行演习，这避免了只讲理论不讲实践或只单纯演习不讲理论的偏向。尤其在战场上的军事实践教育，往往老兵刚对新兵进行完作战指挥、斗志技术、遵守纪律、服从命令等教育，随后就开始了对敌作战。这样的军事实践不仅教育广大指战员学会打仗，而且教会他们改造思想，学会内部团结与互助，提高了自己的业务水平和思想水平。

在琼崖纵队中开展劳动实践教育，主要是为了争取琼崖人民群众的支持，教育广大指战员树立为人民群众服务观点。粤江队在石壁行动时，战士们自动发起了帮助当地农民的"割稻运动"。由于党员干部起到了先锋带头作用，许多战士报名参加帮工队，每天下田割稻收谷。南征队战士们帮助民众处理家务，在各小队的住宅中，帮助民众喂牛、喂猪，有的甚至还帮助做饭。尤其是解放乌坡、枫木之后，因为战争关系引起了秩序混乱，琼纵领导及时带领部队与市民一起共同打扫清洁街道，检查借物送还、失物赔偿等工作。② 这在群众中产生

① 参见《马白山：十年来军事管教总结报告》（1947 年 10 月）。《琼崖解放战争史料选编》（上），1989 年版，第 232 页。

② 参见《琼崖纵队政治部关于秋季攻势政治工作的总结》（1949 年 1 月）。《琼崖解放战争史料选编》（下），1989 年版，第 48 页。

了很大反响。党在琼崖纵队通过实践教育，大大提高了民众对人民军队的正确认识，在民众中树立了良好的人民军队形象。

（五）精神激励法

精神激励法是指通过非物质的手段以满足人们的心理需要，激发人们执行各项决策指令的主动性，从而实现思想政治教育目标的一种教育方法。解放战争时期，党在琼崖纵队就非常重视精神激励法，通过火线入党运动对广大战士起到极大的精神激励作用。

党在琼崖纵队开展的火线入党运动是教育广大战士以入党为激励目标。非党员战士通过在工作上、战斗上的先锋模范作用以达到入党的标准。火线入党运动有助于把党外积极分子及时地吸收到党内来，壮大党的基层组织力量。

党在琼崖纵队通过各种群众会议与群众组织及上政治课的方式，解释火线入党的条件，开展了火线入党的思想教育工作，掀起火线入党的竞赛。经过广泛的动员和榜样激励，非党员战士纷纷报名参加火线入党运动，琼崖党组织对于任何战士的报名都表示欢迎。每次战斗后，纵队及时以党的名义召开军人大会，交给群众讨论，切实做到接受广大指战员的正确意见，把优秀的积极分子吸收到党内来。许多非党员战士都坚信，只要努力学习党的理论方针，英勇战斗，就一定能够入党。所以每次党组织号召发动这一工作时，能够收到积极的、有效的回应，使纵队内人人都想参加到党内来，只要条件成熟，人人都能入党。对于这项工作，在纵队政治部对全军进行自上而下的广泛动员后，广大非党员指战员纷纷报名参加。在秋季反攻战役中，共有350多人报名参加，经过多次战斗考验后，琼崖党组织及时把144人吸收到党内来。其中淮河队新战士黄守益，响应火线入党的号召，积极地报名参加，在光岭战斗中英勇坚决地执行命令，坚守阵地，在危急的情况下，鼓动镇定班里的战士一起作战，在群众大会上被评得红点立功。他在马六坑岭战斗中在全队面前宣誓决心立功，完成火线入党的目标，发誓为党奋斗终生。① 琼崖纵队内非党员战士通过积极学习党的理论知识，接受党组织对他们的教育和考验，提高了非党员战士杀敌入党的积极性，发挥了火线入党的激励作用。

党在琼崖纵队开展的火线入党运动教育广大战士以党员为激励榜样。在火线入党活动中，党员在战斗工作中也起到了模范带头作用，非党员战士为了入党，纷纷自发向优秀党员战士学习，以党员战士为激励榜样，在战斗中和生活中以党员的行为标准来要求自己。例如粤江队的战士西禄在广岭战斗前报名参加了火线入党活动，在敌人火力十分密集的战斗中，他立誓说："我一定与阵地共存亡，我一定为党而奋斗，上级不下命令，我决不退一步。"② 党在琼崖纵队开展的火线入党运动，激励了广大党员和非党员战士在战斗中能够处处英勇模范，提高了广大指战员日常训练和政治学习的积极性，使琼崖纵队内的每个党员都成为战斗堡垒，每一个基层党组织都成为一面战斗旗帜，大大提高了琼崖纵队的战斗力。

综上可见，正是由于琼崖党组织运用了高超的思想政治教育方法，使抗战胜利后当琼崖国民党当局释放和平烟雾，暗中却磨刀霍霍时，琼崖党组织让大家看清敌人的伎俩，时刻准备战斗；当"北撤"风波使部分干部和群众产生悲观失望情绪时，琼崖党组织扭转了波动情绪；当国民党第四十六军发动全面内战，琼岛军民处在极端艰苦残酷的斗争时，琼崖党组织坚定了大家的必胜信心；当国民党10万残兵压境琼岛面临新的困难时，琼崖党组织使大家看到"黎明前的风暴"不足为惧；当迎接配合大军渡海作战时，琼崖党组织又靠坚强有力的思想政治教育工作，动员全军战士全力以赴，出色地完成了迎接和配合大军渡海作战的任务，实现了琼崖人民的彻底解放。

---

① 参见《夏季攻势政治工作计划》（1949年6月）。《琼崖解放战争史料选编》（下），1989年版，第189页。

② 《琼崖纵队政治部关于秋季攻势政治工作的总结》（1949年1月）。《琼崖解放战争史料选编》（下），1989年版，第53页。

三、党在琼崖纵队的思想政治教育的当代价值

琼崖解放战争的胜利与党在琼崖纵队进行的卓有成效的思想政治教育工作密不可分。回顾党在琼崖解放战争时期开展思想政治教育工作的历史，在当今对加强国防和人民军队建设，实现新形势下的人民军队强军目标，仍然具有重要的价值。

（一）党性教育是人民军队的强军之魂

坚持党对军队绝对领导是强军之魂。加强党性原则教育，着力抓好筑牢军魂工作，是人民军队思想政治教育的核心，是确保党指挥枪原则落地生根的前提。琼崖纵队思想政治教育工作的广泛而有效的开展，是建立在党对军队绝对领导的原则之上。党的领导，首先是党的思想领导。毛泽东指出："掌握思想领导是掌握一切领导的第一位。"① 没有革命的思想政治教育工作，就没有革命的军队，琼崖纵队就不可能始终在党的领导下战斗和行动，也不可能走向胜利。

琼崖纵队之所以能够在极其恶劣的自然环境和社会环境下，取得解放战争的伟大胜利，根本原因是坚持党的正确领导，根据党的路线、方针、政策，制定思想政治教育的任务和目标。琼崖纵队正是依靠党的思想政治教育，使广大指战员看清敌人的阴谋诡计，也是依靠党的领导，扭转了战争中部分干部和群众产生悲观失望情绪。琼崖纵队作为党领导的人民武装，在解放战争的任何阶段，都坚定不移地听党话、跟党走，做到了党指向哪里，琼崖纵队就打到哪里；始终坚持用先进的思想理论武装琼崖纵队广大指战员，把军心凝聚在党的旗帜下。如果没有党在琼崖纵队的思想政治教育，就没有听党指挥的琼崖纵队，琼崖纵队也就不可能孤岛奋战取得琼崖解放战争的胜利。

军队思想政治教育工作的实质就是党通过对军队进行思想政治教

① 《毛泽东文集》第 2 卷，人民出版社 1993 年版，第 435 页。

育，强化党的领导和掌握军队的工作。人民军队归谁领导、听谁指挥是建军治军的首要问题，也是新形势下实现强军梦的核心问题。坚持党的绝对领导，就是"无论战争形态怎么演变、军队建设内外环境怎么变化、军队组织形态怎么调整，都必须始终不渝坚持"。[①] 绝对领导就是无条件地服从，既要坚持党委领导下的民主集中制，也要坚持下级服从上级的原则，从另一方面这也是对党忠诚的体现。坚持党的绝对领导地位，是革命军人对党忠诚的最高境界，也是军队铸魂育人的最高标准，这就要求每个军人必须做到：平时听党话，战时跟党走，顺境和逆境都始终如一的坚守，泰山压顶不弯腰，虽九死而不悔，铸就全心全意、无怨无悔、表里如一的绝对忠诚。只有坚持党对军队的绝对领导，才能从根本上保证人民军队的性质。

　　当前人民军队面临国内外严峻的考验，铸牢军魂的工作在任何时候都不能放松。坚持党对军队的绝对领导，必须坚持党委统一领导下的首长分工负责制。这一制度早在 1953 年全国军事系统党的高级干部会议上就由毛泽东提出，1954 年写进了《中国人民解放军政治工作条例（草案）》。当前要深入学习贯彻习近平总书记系列重要讲话精神，贯彻其治军强军理念，毫不动摇坚持党对军队绝对领导的根本原则和制度，坚定维护和贯彻军委主席负责制，确保全军坚定听党指挥，对党忠诚。坚持党对军队的绝对领导，要落实到行动上，以行动来检验，要始终在思想上、政治上、行动上同党中央保持高度一致，坚决维护党中央、中央军委的权威。实现新形势下的强军目标的前提是，建设一支听党指挥、能打胜仗、作风优良的人民军队，其中听党指挥是灵魂，能打胜仗是核心，作风建设是保障，如果没有听党指挥这个灵魂，其他一切目标都是空谈。

（二）战斗力精神教育是人民军队的强军之本

　　琼崖纵队把提高战斗力贯穿到部队思想政治教育工作的各环节，

---

① 中共中央宣传部编：《习近平总书记系列重要讲话读本》，学习出版社、人民出版社2014 年版，第 138 页。

是琼崖解放战争胜利的重要保障。琼崖纵队是经过长期革命战争考验的队伍，全军指战员都能吃苦耐劳，打仗英勇顽强。解放战争时期，琼崖纵队共歼、伤、俘敌16300余人，缴获大批物资，前仆后继牺牲了3700多人，队伍从抗战时期的7000多人发展到25000多人。① 琼崖纵队以广大指战员大无畏的英雄气概和英勇顽强的战斗作风，诠释了战斗力精神。抓好战斗力精神教育，把战斗力标准在全军牢固树立起来，是人民军队思想政治教育的强军之本。

军队思想政治教育的开展，如果离开战斗力标准，就失去其根本意义和价值。军队的根本职能就是打仗，战斗力标准是军队建设的根本标准，思想政治教育工作也要聚焦军队能打仗、打胜仗。军人血性就是战斗力精神，核心是一不怕苦、二不怕死的精神。历史证明：强大的武装力量是人民与民族的生存之盾，离开了武装斗争就没有中国共产党的地位，就没有人民的地位，就没有革命的胜利。在和平时期，随着经济社会发展和部队生活条件的改善，一些官兵滋长了安逸心理，更甚至一些指挥员没有把主要心思放在准备打仗上，防止忘战懈怠，激发军人血性，是当前军队面临的一个现实性紧迫性问题。这就急需加强军队思想政治教育，抓好战斗精神教育，要从思想上入手，加强马克思主义战争观和军队根本职能教育，解决好当兵干什么，练兵为什么等根本性问题。要从难从严从实战需要出发进行思想政治教育，砥砺广大指战员的意志品质，锻造战斗精神，增强军队使命感和荣誉感，"教育引导官兵大力发挥我军大无畏的英雄气概和英勇顽强的战斗作风，保持旺盛革命热情和高昂战斗意志"。②

如何依靠思想政治教育工作，把硬性的战斗力标准在军中树立起来？首先，要始终坚持用打得赢标准搞建设，坚持把培育战斗精神作为全军思想政治教育的出发点和落脚点，坚持用是否有利于提高战斗力来衡量和检验各项工作。其次，全军要牢记能打仗、打胜仗是强军

① 参见琼崖武装斗争史办公室编《琼崖纵队史》，广东人民出版社1986年版，第298页。

② 中共中央宣传部编：《习近平总书记系列重要讲话读本》，学习出版社、人民出版社2014年版，第142页。

之要，必须按照打胜仗这个战斗力标准来进行思想政治教育工作，确保军队能够做到招之即来、来之能战、战之必胜。最后，当前军队思想政治教育工作建设的一项重大任务，就是要教育引导广大官兵牢记强军兴军目标，努力培育个人的战斗精神，强化使命担当意识，始终坚持战斗力这个根本的标准，全部心思聚焦打仗，各项工作向打仗使劲，真正使战斗力意识在官兵头脑中深深扎根。

思想政治教育工作本身对战斗力精神的形成和发挥具有重要作用。实践证明，军队思想政治教育的开展有利于培养广大官兵英勇顽强的战斗力精神，军队思想政治教育工作开展的状况如何，直接影响到战斗力精神的强弱，把军队思想政治教育工作与战斗力精神教育孤立起来的做法，都是毫无价值、对战斗力有害无益的。"历史经验表明，能战方能止战，准备打才可能不必打，越不能打越可能挨打，这就是战争与和平的辩证法。"① 新时期军队的思想政治教育工作只能加强，不能削弱。

（三）树立干部政治威信是人民军队的强军之要

政治路线确定以后，干部就是决定因素。选好干部、用好干部是思想政治教育工作的前提。好的干部拥有良好的政治威信，对思想政治教育工作的开展起到良好的事半功倍的效果。琼崖纵队能够在长期艰苦曲折的斗争中取得解放战争的胜利，就是因为拥有以冯白驹为首的琼崖党政领导干部作为坚强领导核心。取得琼崖革命斗争的胜利，不仅要依靠党中央的路线、方针正确，还需要拥有一批政治威信较高、远见卓识、坚韧不拔的优秀领导干部，这也是保证军队思想政治教育工作真实有效的基本前提。

在琼崖革命进程中相继涌现一批优秀的领导干部，例如，杨善集、王文明、冯平、黄学增、冯白驹等。他们拥有的共同特质是，都

---

① 中共中央宣传部编：《习近平总书记系列重要讲话读本》，学习出版社、人民出版社2014年版，第138—139页。

有着崇高的理想和坚定的共产主义信念，一直坚守党性原则，能够密切联系群众，与人民群众同甘共苦，勇于开展批评与自我批评，正确执行党的路线方针政策，因此，他们在全军中有着很高的政治威信，给琼崖革命武装树立了标杆，使全军不自觉地向这些领导干部看齐，增进了广大战士对革命胜利的信心。

军队干部政治威信重点体现在军内领导干部作风形象上。习近平曾多次强调：人民军队要有良好的子弟兵形象，很重要的就要体现在军内中高级干部身上，欲治兵者，必先选将。军队的良好形象是由千万个军人的作风形象树立起来的，是一系列军事行动中官兵的风采铸就的，但更重要的是体现在领导干部身上，体现在他们的理想信念、能力素养和作风建设上。当前军队内部某些高级领导干部严重违法违纪，损害了人民军队的形象，为彻底改变这一现状，就必须加强对中高级干部的思想政治教育，使他们自觉践行"三严"、"三实"的要求，切实解决好理想信念、党性原则、革命精神、思想作风等方面存在的突出问题，树立正确的世界观、人生观、价值观，以新的精神面貌站排头、当标兵，重树领导干部的公信力，为部队做好榜样示范，当好强军征程上的"领跑者"，成为强军兴军的骨干脊梁。

作风优良是对树立军队政治干部威信最基本的要求。艰苦奋斗是人民军队的鲜明特色和政治优势，也是党的光荣传统。随着我国经济的发展和社会环境的变化，社会上一些不良风气在部队也开始滋生蔓延，不断侵蚀着人民军队的"肌体"。如果军内领导干部不能及时解决自身存在的问题，任其发展下去，军队将不成军队，更谈不上打胜仗。因此，军队领导干部作为广大官兵的榜样，要坚持与人民同甘共苦，积极践行党的群众路线，克服贪图享乐思想，反对讲排场比阔气、公款吃喝，坚决抵制享乐主义和奢靡之风，纠正发生在士兵身边的不正之风，旗帜鲜明地反对腐败，反对特权，着力解决官兵深层次矛盾和反映强烈的突出问题，在构建规范化、制度化的长效机制上见到成效，保持人民军队的优良作风和良好形象。①

　　领导干部本身的表率就是很好的思想政治教育。榜样的力量是无穷的，思想政治教育工作是人做人的工作，在工作方法上必须坚持真理的力量和人格的力量相统一，用人格的力量彰显真理的力量。当前军队思想政治教育工作的开展，最紧迫的任务就是把领导干部的威信树立起来，回到言行一致、以身作则的基本原则上来，领导干部要起到模范带头作用，从领导干部的一言一行抓起，通过总结好典型、激浊扬清，引导各级领导干部尤其是思想政治教育工作者把真理力量和人格力量统一起来，坚持求真务实，坚持公道正派。推进强军实践，必须着力抓好高中级干部培养、管理工作，纯洁干部队伍，提高军队领导干部的素质，对干部考核具体化，为实现强军目标提供组织保证和人才支撑。

（四）群众观点教育是人民军队的强军之基

　　党在琼崖纵队的思想政治教育，坚持群众观点，坚持依靠群众，服务群众，全心全意为人民服务的根本宗旨。这是琼崖解放战争胜利的基础因素。琼崖革命之所以能够在远离党中央和主力部队的条件下，坚持孤岛奋战 23 年，最根本的原因就是琼崖党组织及其领导的琼崖纵队能够依靠群众，组织群众进行革命斗争，把党的新民主主义纲领转化为广大人民群众的具体实践活动。正所谓"得民心者得天下"，如果没有群众的支持，群众不拥护，琼崖纵队不可能发展壮大，琼崖革命也不可能取得胜利。

　　群众路线观点教育是党在琼崖纵队的思想政治教育的基本内容。如果没有群众的支持，琼崖解放战争不可能胜利。党在琼崖纵队开展的以群众路线为主要内容的思想政治教育是琼崖解放战争胜利的法宝，同时也是新时期军队思想政治教育必须坚持的基本路线。如果全

---

　　①　参见中共中央宣传部编《习近平总书记系列重要讲话读本》，学习出版社、人民出版社2014 年版，第 144 页。

军背离了群众路线，背弃了全心全意为人民服务的宗旨，就将失去人民军队的意义。解放战争时期，琼崖纵队不管遇到多大困难，都与人民群众同呼吸共命运，得到了广大人民群众的支持和理解，使琼崖军民形成强大的凝聚力和向心力。因为有300多万名琼崖各族人民的支持，有海外华侨和港澳同胞的援助，党才能领导琼崖纵队克服种种困难，渡过重重难关，最终取得了琼崖解放战争的胜利。

群众观点教育是保证人民军队本质的前提。历史证明，人民军队一旦脱离了人民，任何战争都难以取得成功，任何政权都将不复存在，军队的性质也会发生根本改变。在面对国内外各种势力的挑战下，要实现新形势下的强军目标，必须加强党对人民军队的群众观点教育，自觉践行党的群众路线教育实践活动，确保人民军队听党指挥和为人民群众服务的本质。从根本上讲，听党指挥和服务人民是一致的，只有坚持党对人民军队的绝对领导，才能从根本上保证人民军队的性质，只有树牢群众观点，才能更深层次地理解听党指挥的内涵。在新时期，面对复杂的国际环境，党只有在人民军队建设中加强群众观点教育，夯实群众路线这个基础，才能使人民军队从思想根源和灵魂深处坚定信念、铸牢军魂，确保人民军队绝对忠诚、绝对可靠。只有这样，才能实现人民军队的强军梦，才能实现中华民族伟大复兴的中国梦。

附录：琼崖革命研究六十年述评[①]

　　作为中国近现代史的有机组成部分，琼崖革命的产生与发展必然受到前者的制约，其基本规律和主要特征也趋相同。但由于琼崖革命发生于海南岛（唐于其岛设琼州、崖州等州治），不但远离内陆，而且具有独特的岛情、民情和风情，因而也具有一些自身的特征。有学者将这种特征归纳为："（1）琼崖革命的长期性、艰巨性为全国少见；（2）琼崖党和军队的领导核心比较稳定坚强；（3）琼崖的群众基础比较好，群众的革命觉悟高；（4）广大华侨的支持在琼崖革命中独具特色。"[②] 众所周知的"红旗不倒"、"孤岛奋战"、"红色娘子军"等，就是这些特征的具体体现。这些特征也使琼崖革命研究具有了一些独特的东西。六十年来，关于琼崖革命的研究已经取得了丰硕成果，不但研究领域日益拓宽，而且观点常有创新，其意义已经超出了其研究本身。其中，当然也有不少需要改进之处。因此，对于六十年来琼崖革命研究的成果进行全面梳理、综合分析和系统总结，无疑有利于琼崖革命研究以及其他相关领域研究的继续深入和全面发展。

一、琼崖革命研究的历史与现状

　　琼崖革命研究正式开始于这场革命的胜利，即 1950 年海南岛的解放。六十年来，由于海南各届党组织的高度重视和党史界广大研究

---

　　① 该文载于王齐冰：《琼崖革命研究 60 年》，南海出版公司 2011 年版。

　　② 钱跃：《浅析琼崖革命史研究状况和问题》。中共海南省委党史研究室、海南省中共党史学会编：《琼崖革命研究论文选》，中共党史出版社 1994 年版，第 401 页。

者的共同努力，琼崖革命研究取得的成绩十分喜人。对琼崖革命研究成果的梳理和分析，使我们能够对这六十年来的研究进行分期。我们认为，参照中国当代社会变革的进程，同时根据琼崖革命研究的内在规律，可将六十年研究划分为三个阶段，即：1950—1979 年：艰难创业阶段；1979—1999 年：顺利开展阶段；1999—2010 年：理论提升阶段。这三个阶段划分虽然并不等同于中国当代社会的发展进程，但可以基本遵循琼崖革命研究自身的内在规律。

（一）1950—1979 年：艰难创业阶段

虽然琼崖革命研究始于新中国成立以后，但在琼崖革命深入开展时，复杂的斗争形势和艰巨的革命任务已经把研究这场斗争的任务提上了议事日程。早在 1928 年，"琼崖特委给中央的综合报告"和 1944 年黎民的"琼崖党的斗争过程简略事记"，都是琼崖地方党组织对当时革命斗争的总结和反思。

琼崖革命轰轰烈烈地进行，引起了海内外的广泛关注。苏联人伊文于 1929 年 7 月写的《中国游击运动中的出色领袖人物》，就将冯白驹与朱德和毛泽东等并列并称："他们名字却经常出现一些报刊之上，成为江西、福建、湖南、广东几省名流、绅士和地主们的心腹之患。" 1946 年 5 月 25 日，出版于香港九龙的《前进文萃》第二期发表蒲吾的《琼崖独立纵队奋斗简史》，向香港民众介绍了琼崖军民突破国民党反动派的重兵围攻而进行的艰苦斗争。然而，由于处在战争环境，在海南岛解放前，琼崖革命研究基本局限于琼崖地方党组织的有关报告和工作总结中，而无法成为一种社会性事业。

琼崖革命研究的真正开拓者，是琼崖革命斗争的主要领导者冯白驹。他于 1951 年发表的《中国共产党的光辉照耀在海南岛上》，以马克思主义的立场，回顾了琼崖党组织领导琼崖人民进行的革命斗争，并总结和归纳了琼崖革命的基本规律和主要特征，特别是关于这场革命胜利的原因分析，奠定了琼崖革命研究的基础。在冯白驹的倡导下，琼崖革命研究受到了海南区党委和军区的重视，不久就编印出

《中国人民解放军琼崖纵队发展史》和《中国人民解放军琼崖纵队战史》。中山大学和海南师专也着手编写《海南人民革命斗争史》。

　　然而，自1956年开始的所谓肃清冯白驹"海南地方主义反党集团"的运动，使琼崖革命研究蒙上了厚厚的阴影，已经进行中的研究课题也被束之高阁。在琼崖革命已经离"地方主义"不远的帽子下，其研究自然也噤若寒蝉。特别是十年浩劫的文化大革命期间，琼崖革命研究完全被打入冷宫，虽然舞剧《红色娘子军》使"红色娘子军"名闻天下，但这只是当时的政治需要，至于其缔造者和领导者冯白驹最终遭残酷迫害而致死，"琼崖革命"为何物，几乎无人知道。

　　尽管如此，琼崖革命研究仍在艰难地进行。在被隔离审查的特殊情况下，冯白驹坚持真理，写下了《关于我参加革命过程的历史情况》，澄清了许多重大历史问题，留下了许多宝贵史料。一些琼崖革命老战士也坚持撰写回忆文章；一些学者在此艰难的学术环境中，转向近现代琼崖社会性质的研究，并取得了不小的成绩，如王穗琼的《试论解放前黎族地区的社会形态》（1961）等。"据不完全统计，自1950年至1978年年底十一届三中全会前，在报上公开发的有关地方党史、武装斗争史的文章有369篇，其中冯白驹的《广东人民抗日游击战争的回忆》和《红旗不倒——中共琼崖地方史》，庄田的《琼岛烽烟》等，都是有代表性的著作。"① 漫长的三十年，琼崖革命研究成果仅369篇，这是时代悲剧的最好证明。

（二）1979—1999年：顺利开展阶段

　　党的十一届三中全会带来了琼崖革命研究的春天。1984年中央给"广东地方主义"的平反，彻底解放了琼崖革命研究者的思想。1984年年初，海南行政区党委召开党史工作会议，要求重视琼崖地方党史的编写和史料征集，进行党史专题研究，并整理大事记。雷宇等主要领导还特别强调："党委不研究党的历史，不总结党的历史经验，就

---

①　毛平：《海南地方党史研究初探》，《海南大学学报》1984年第4期。

是不务正业，不抓大事。"① 自此，琼崖革命研究进入了全新的阶段。史料收集，人物传记，文献选编，专题研究，党史编写等，都成为琼崖革命研究中的热门话题。

1. 史料收集

史料是历史研究的基础。经过十年浩劫，史料收集、抢救、保护和整理已成为琼崖革命研究的首要任务。1980 年，在区党委的重视下，《琼岛星火》和《琼崖英烈传》开始编写，前者至 1996 年已出22 辑。各市县也着手编写文史资料，有《自治州文史资料》、《海口文史资料》、《琼山文史资料》、《文昌文史资料选辑》、《万宁党史资料》、《三亚文史》、《儋州文史》、《琼海文史》、《东方文史》、《昌江文史》、《屯昌文史》、《临高文史》、《澄迈文史》、《定安文史》、《万宁文史》、《通什文史》、《白沙文史》、《保亭文史》等，几乎每个市县都有一种。1988 年建省后，海南省政协文史资料委员会开始编辑《海南文史资料》，前后共出 21 辑，虽为综合性史料辑刊，但内容多涉琼崖革命，比《琼岛星火》等侧重史料的刊物更具研究性质，且日益重视琼崖民国革命和琼籍国民党军政人物研究。它们大多未公开出版，还时以某专题为名出专辑。斗争概述，历史钩沉，烈士传略，革命回忆，文献辑录，历史考据，学术研究等，具有很高的学术价值。这些史料的编辑目的，如《海口文史资料》创刊词所言："保存各个历史时期、各个方面的史料，为历史研究和开展教学留下更多的参考，有助于开展革命传统、爱国主义和共产主义教育，有助于社会主义精神文明建设。"

2. 人物传记

一些健在的琼崖革命老战士积极参与各种文史资料的编选和回忆录撰写工作。在众多回忆录和人物传记中，关于李硕勋、张云逸、周士第、冯白驹、李振亚、庄田、王国兴、马白山等的最多。由于撰写者多为琼崖革命的亲历者，因此他们撰写的文章真实可信，且带有情

---

① 王朝赞：《海南地方党史研究动态》，《海南大学学报》1984 年第 2 期。

感体验和史实性质，有较高的研究价值，如肖焕辉的《琼崖曙光》
（1989）和罗文洪的《峥嵘岁月》（1994）。1990 年后，关于冯白驹
的生平和历史的研究形成高潮，其代表性著作有省委党史研究室的
《南天一柱——怀念冯白驹将军》（1989）和《深切的怀念——纪念
冯白驹将军诞辰九十周年》（1993），吴之、贺朗的《冯白驹传》
（1996），邢诒孔、彭长霖、钱跃的《冯白驹将军传》（1998），省党
史办的《冯白驹精神永存》（1998）等。由于作者能从时代的高度认
识历史，因而在夹叙夹议的回忆和传记中，不但还原历史真实，而且
能揭示历史规律和时代走向，加深人们对琼崖革命斗争及其精神的深
入理解。同时，也出现了郑庭笈、陈策、郑介民等琼崖籍民国军政人
物的传记，并能实事求是地评价其功过是非。

　　3. 文献选编

　　为了抢救和整理民国时期的琼崖历史文献，原海南行政区党委党
史办和中共海南省委党史研究室及有关部门以断代史为据，根据不同
专题，先后选编《琼崖抗日斗争史料选编》（1986）、《琼崖土地革命
战争史料选编》（1987）、《琼崖革命根据地财经税收史料选编》
（1988）、《琼崖解放战争史料选编》（1989）、《琼崖华侨联合总会回
乡服务团研究史料》（1993）、《琼崖大革命史料选编》（1994）等。
他们选辑的史料都有很高的历史价值，多为不同历史阶段党中央和中
央领导及广东省委对琼崖革命斗争的指示和决议，中共琼崖特委和政
府的有关文件、公告和会议记录等，还有冯白驹等给上级的请示和报
告等。虽然大多未公开出版，但弥足珍贵，不但奠定了琼崖革命研究
的史料基础，而且也为研究和教学提供了方便。各市县党史办也编选
了不少有价值的史料，如《琼海革命史料选编》（1987）和《海口地
下斗争史料选编》（1989）等。

　　4. 专题研究

　　这一时期，琼崖革命的专题研究领域非常宽泛，但主要集中于琼
崖革命性质、白沙起义特点、琼崖抗战地位、琼崖社会分析等方面。

　　关于琼崖革命的性质，主要论证毛泽东思想和中国共产党与琼崖

革命孤岛奋战的关系，如徐冰、钱跃的《毛泽东思想与琼崖革命》（1994），邢诒孔、徐冰的《海南战役的胜利是毛泽东军事思想的胜利》（1994）。

关于白沙起义，由于适逢四十周年纪念，集中出现了一批研究成果，如李明天的《海南岛苗族反抗国民党反动派大屠杀的斗争》（1982），杨德春的《谈谈黎族白沙起义的特点》（1984）等。

关于琼崖抗战的地位，在20世纪90年代才日益增多，主要集中于日军侵琼暴行和琼崖人民的反抗斗争，如宓汝成、王礼琦的《日本侵占海南岛和海南岛人民的抗日斗争》（1992），符和积的《侵琼日军慰安妇实录》（1996）和海南出版社出版的《铁蹄下的腥风血雨》（1995）等。

关于琼崖社会的性质，特别是关于黎族的合亩制引起了人们的兴趣，如邢关英的《黎族的母权制遗》（1983），杨鹤书的《论海南岛黎族合亩制的起源、发展及其性质》（1983）等。

海南建省后，关于近代以来海南行政建制的研究也成为关注点，如杜昭的《孙中山与海南建省》（1990），李琴芳的《资源委员会开发海南岛草案》等。这些成果大多是改革开放前琼崖革命研究的继续。

5. 党史编写

在上述研究的基础上，琼崖革命史研究的成果相继推出。如李长盛的《海南人民斗争史》（1980），集体编写的《琼崖纵队史》（1986）和《琼崖地下学联斗争史》（1990），曹锡仁主编的《中国革命史·补编：海南革命史》（1991），海南省委党史研究室的《红旗不倒》（1995）等，多为公开出版，且多富真知灼见，具有开拓性质。它们都从不同角度叙述琼崖人民在党的领导下，在新民主主义革命时期进行的艰苦卓绝、不屈不挠的革命斗争。各地党史办也相继推出《文昌人民革命史》（1988）、《海口革命斗争史》（1989）、《琼海革命斗争史》（1990）、《南阳革命史话》（1991）、《琼山革命史》（1994）、《昌江革命史》（1994）、《崖县革命史》（1995）等。虽然多为内部资料，但其奠基性质明确。

　　总而言之，这一时期琼崖革命的研究，在史料收集和整理、人物回忆和传记、专题分析和探讨以及党史总结和编写等方面，都取得了丰硕的成果。正是在海南各级党组织的重视和广大研究者的努力下，琼崖革命"二十三年红旗不倒"的光荣历史进入了中共党史和中国近现代史的研究范畴，也为在青少年中开展中国革命传统教育增添了新的内容。曹锡仁的《中国革命史》在 20 世纪 90 年代还成为海南各高校学生的公共政治课指定教材。

（三）1999—2010 年：理论提升阶段

　　1996 年和 1997 年，分别为中共琼崖地方党组织成立和琼崖工农红军诞生七十周年纪念。进入 21 世纪，中国共产党又迎来建党八十周年。在此前后，一大批琼崖革命研究成果纷至沓来。以此为契机，琼崖革命研究进入一个新的阶段。如果说此前的研究较多地关注琼崖革命历史回顾的话，那么进入新的世纪后，琼崖革命研究已经将目光更多地投向热点难点问题分析，其研究的广度和深度都较前有了新的突破。

　　当然，史料收集、人物传记、文献选编和党史编写，仍然是琼崖革命研究的着力点。在史料收集方面，除《海南文史资料》继续编辑外，由海南革命史研究会主编的《海南革命史研究》先后编印 11 期，不仅有人物回忆、纪念和研究类的文章，还有不同学术观点争鸣，如"不应再让不知者继续宣传叛徒王时香"等文；在人物传记方面，冯白驹依旧是研究重点，如张松林的《不倒的红旗——纪念冯白驹将军诞辰 100 周年》（2003），朱逸辉的《琼崖旗帜——纪念冯白驹将军诞辰 100 周年》（2004）等。此外，《冯平传》、《张云逸大将》、《周士第将军》、《陈其美传奇》、《浴血天涯——马白山》、《骁将风范——怀念李振亚将军》、《常胜将军——怀念吴克之同志》、《青山常在——纪念华侨将军陈青山》等琼崖革命英烈的传记也都先后公开出版。

在文献选编方面，有《海南土地改革运动资料选编》（2002）、《海南土改运动亲历记》（2002）、《海南"大跃进"和人民公社化运动资料选编》（2003）、《中共琼崖一大研究资料选编》（2009）等。这些文献选编在继承前一时期的优良传统的同时，更加注重原始资料的收集，包括亲历者的回忆录和一些来自当时报刊的资料以及部分敌伪档案，并附有研究论文、史料考证和大事记等。在党史编写方面，也有许多新的成果问世，如冯成略的《海南人民革命史》（2001）、林日举的《海南史》（2002）（海南近现代史是其主要篇章）、省委党史研究室《中国共产党海南历史》（第一卷）（2007）、李德芳等的《琼崖革命史》（2008）等。它们都客观地反映了琼崖革命在中国共产党领导下的历史进程，较前一时期的琼崖革命史研究更加系统和全面，也更有广度和深度。

长期以来，在琼崖革命研究中存在的重史料而轻理论，重叙述而轻分析，重个案而轻综合的现象，在这一时期有根本改变。赵康太的《琼崖革命论》（1999 年版，2005 年再版）第一次全面、系统、综合性地对琼崖革命进行研究。在充分吸收前人研究成果的基础上，该书从中国传统文化与海南文化的宏阔背景中，遵循中国新民主主义革命规律，对琼崖革命中的政治、经济、军事、农民、妇女，以及文化等问题展开全方位研究。著名党史专家廖盖隆称："本书使我获得很多的教益和启迪。"[1] 该成果获海南省优秀社会科学研究成果二等奖。

这一时期，最鲜明的特点是曾经被长期忽视的一些重大问题引起了研究者的兴趣，如中共琼崖第一次代表大会、琼崖革命根据地建设、红色娘子军的真实性、日军对海南岛的占领与掠夺性开发、民国时期琼崖社会形态、琼崖革命中的冤假错案、解放海南战役等问题。由于史料的建设已经成熟，因此这些问题进入研究者的视野，实属必然。

---

① 廖盖隆：《序——向坚持红旗不倒的海南人民致敬》。赵康太：《琼崖革命论》，南海出版公司 2005 年版。

1. 中共琼崖第一次代表大会

这是划分琼崖社会在新旧民主主义革命时期的分水岭，具有划时代意义。近年来，中共海南省委和海口市委的党史研究室先后举行"中共琼崖第一次代表大会学术研讨会"和"中共琼崖'一大'代表人物与琼崖革命学术研讨会"，并结集出版《中共琼崖一大研究资料选编》（2009）和优秀研究成果论文选。通过全国性学术研讨会，关于中共琼崖一大的时间和会址、背景和地位、主题和内涵、代表及其与琼崖革命的关系等问题，得到了澄清和探讨，不但使琼崖革命的起点研究有了新的发现，而且也为琼崖革命研究的深入找到了突破口。

2. 琼崖革命根据地建设

虽然琼崖革命根据地是全国坚持时间最久的革命根据地之一，其研究也开始得很早，但多停留于根据地的建立、发展以及特点和规律等问题上。进入 21 世纪，随着党的创新理论发展，关于琼崖根据地长期存在的原因、历史地位以及执政经验等问题受到了重视。如徐冰的《内洞山会议与琼崖革命的历史转折》（2001）、赵康太的《自然地理环境与中国革命道路的战略选择》（2000）、林开光的《浅析抗战时期我党提出开辟五指山根据地的内在动因》（2005）、程昭星的《中国共产党与黎族社会发展》（2002）、王新芒的《五指山解放区的建设与党在民族地区的执政经验》（2008）等。但与现实的需要相比，关于琼崖革命根据地的执政经验研究只此一篇。专著不多，如邓的荣、钱跃、谭丽琳的《红旗不倒：琼崖革命根据地寻访》（2002）等。

3. "红色娘子军"的真实性

此时，"红色娘子军"已走下神坛，人们开始感兴趣于"红色娘子军"产生的原因和女战士们的结局。王齐冰的《试析琼崖妇女革命悲情的历史文化成因》以历史文化成因分析琼崖妇女参加革命的动因。至于战士们的悲剧结局，许多报刊都有采访和报道。有人撰文："不应再让不知者继续宣传叛徒王时香。"有人质问："历史上有没有洪常青？"有人反驳："是谁制造了'王时香出卖王文宇'的弥天谎言?"等。甚至还产生了"红色娘子军"诞生地之争等问题。尽管这都是历史问题，但通过争论，争论渐息，结论就是："红色娘子军精神代代相传。"

4. 日军侵琼的动机和策略

20世纪，收集日军侵琼暴行的罪证和琼崖军民的反抗斗争是研究重点。进入21世纪，研究重点转向对日军侵琼的动机和策略的研究。海南岛特殊的战略地位，决定了日本占领野心的由来已久，其目的是长期占领和掠夺资源，如王裕秋的《历史上日本人和海南岛的关系》（2001）和隋丽娟的《试述日本侵占海南岛策略》（2003）等文。唐若玲的《日本帝国主义侵琼史略》（2002）、张兴吉的《日本侵占海南岛罪行研究》（2005）、张一平的《海南抗日战争史稿》（2008）等，都是重要的研究成果。而《日本侵占海南岛罪行研究》，对日本的"海南岛开发"野心和行为剖析更为透彻，找到了琼崖抗战更深刻的根据。

5. 民国时期琼崖的社会形态

以前研究琼崖社会，主要限于黎族合亩制，但此时则将其拓展到琼崖社会的政治、经济、人口、文化和教育等方面，如王翔翻译的《棕榈之岛》（2001），苏云峰的《海南历史论文集》（2002），黎雄峰的《海南社会简史》（2003）、冯仁鸿的《琼崖史海钩沉》（2005）、张兴吉的《民国时期的海南》等。除冯白驹等琼崖革命领导人继续引起研究者的关注外，普通琼崖英烈、海外侨领、宋氏家族、民国琼籍军政人物等也进入了研究者的视野。如莫华生的《琼崖军阀邓本殷在海南的反动统治及其覆没》（2007）、佟义东的《粤军虎将邓本殷》（2007）、陈波的《琼崖国民党机构和人员》（2008）、陈鸿远的《淞沪抗战中的海南三杰》（2008）等文。琼崖革命研究的对象，不只是琼崖革命者，也包括革命的同路人甚至革命的对象，这已成为琼崖研究者的共识。

6. 琼崖革命中的冤假错案

琼崖革命是琼崖前所未有的伟大社会变革，出现失误、教训和挫折也难免，关键是要探讨其中的原因，以避免重蹈历史覆辙。"琼崖地下学联"案和海南"反地方主义"案，就是有名的冤案。赵康太的《琼崖革命论》（2005）、蔡葩的《有多少优雅可以重现》（2005）以及邢诒孔、彭长霖、钱跃的《冯白驹将军》等传记，都对这些冤假错案的发生始末进行了深刻反思。至于黎族领袖王国兴在土改中被错划为"恶霸大地主"等冤案也有涉及。

7. 解放海南战役

2000 年是海南岛解放五十周年。围绕此话题，出现了一批关于人民解放军"木船打军舰"的研究成果，如梁振球的《海南解放五十周年纪念文集》（2001），郭德宏、符树森的《海南战事 100 例》（2004），李传华、张书松、李书兵的《海南解放实录》（2009）等著作以及魏碧海的《海南岛战役渡海登陆作战的历史经验与思考》（2001）和陈诚的《试析海南岛解放战役胜利的原因》（2003）等论文。它们在分析渡海大军的战略战术时，都没有忘记琼崖纵队在解放海南战役中的关键性作用。

综观 1999—2010 年这十年的研究，我们可以看到琼崖革命研究已经完成了从以史料收集和人物传记为主，向以案例研究和理论分析为主的研究重心转移。与 20 世纪相比，此时的研究领域得到了空前拓展，除琼崖革命斗争历史外，关于这种斗争的各种内外在因素，即民国时期琼崖社会的各种问题都引起了研究者的兴趣，而且对于革命的规律、特点和经验的总结愈益受重视，如赵康太的《琼崖革命论》和李德芳等的《琼崖革命精神论》（2008）等。从总体来看，这一时期更加重视党的基本理论、正确路线、方针和政策在琼崖革命实践中的应用研究，与海南社会主义现代化建设的需要相一致。

二、琼崖革命研究中的热点难点问题

琼崖革命的特点，如冯白驹在《中国共产党的光辉照耀在海南岛上》所总结的："孤岛作战，坚持斗争，困难很多。"最终能够赢得这场革命的胜利，其原因也如冯白驹总结分析的，有坚持党的正确政治路线与战略方针的琼崖党组织，有坚持毛主席的建军传统与军事思想的海南人民武装力量，有密切依靠群众、联系群众和相信群众的群众路线，有忠诚于党与人民事业的干部群众，有红旗不倒的农村革命根据地等。也正是如此，琼崖革命创造了中国新民主主义革命中的许多奇迹，也留下了许多值得探讨的问题。为什么能够坚持"二十三年红旗不倒"？为什么能够长期"孤岛奋战"？什么是琼崖革命精神？怎样正确对待"红色娘子军"？如何分析日军侵琼的"开发"战略？如何认识黎族白沙起义的性质？如何评价冯白驹和近现代琼崖历史人物？怎样看待琼崖革命中的冤假错案？如何判定民国时期琼崖社会的性质？"木船打军舰"的奇迹是怎样创造出来的？这些热点难点问题的探讨，无论是对于琼崖革命和中国新民主主义革命的研究，还是对于今天的海南社会主义现代化以及中国社会发展的研究，都具有重要的理论意义和现实意义。

1. 为什么琼崖革命能坚持"二十三年红旗不倒"？

在全国革命根据地普遍受挫的时代背景下，为什么琼崖革命能够一枝独秀，坚持"二十三年红旗不倒"？这不但是琼崖革命研究的首要问题，也是中共党史研究中值得关注的问题。既然琼崖革命不能自立于中国新民主主义革命的进程之外，那么，琼崖革命的胜利，当然是毛泽东思想和中国共产党的胜利，也是琼崖人民的胜利。离开了中国共产党对琼崖革命的领导，这一奇迹的创造就无从谈起。

早在新中国成立之初，冯白驹的《中国共产党的光辉照耀在海南岛上》就指出："虽然有些时候我们与中央断绝了直接的联系，但就在那些时候，我们从中央公开发表的文件中，从毛主席的著作中，初步地体会了毛泽东思想的要点，而这就是我们能够坚持与发展的最根本原因。"冯白驹的这一思想确立了琼崖革命研究正确的立场、观点和方法。此后的观点都是在此基础上的阐释和发挥。入选"毛泽东百周年纪念"论文集的徐冰、钱跃的《毛泽东思想与琼崖革命》一文就认为，"二十三年红旗不倒"，其根本原因在于中国共产党的正确领导和毛泽东思想的英明指导。毛泽东思想在政治路线、军事路线和组织路线上的正确指导，是琼崖革命胜利的根本保证。而琼崖革命也以其"红旗不倒"、"孤岛奋战"、"山不藏人人藏人"等理论与实践丰富和发展了毛泽东思想。程昭星的《周恩来与琼崖革命斗争》具体论述周恩来在新民主主义时期的各个发展阶段对琼崖革命的指导和帮助，特别是在他负责中共南方局时为琼崖党组织和人民武装确定的方针、政策和斗争策略，更指导琼崖军民积极克服困难、奋勇战胜强敌。符泰光的《琼崖革命斗争的历史地位和作用》指出，琼崖革命的胜利，根源就在于党领导下的琼崖军民的艰苦武装斗争。陈川雄的《毛泽东对琼崖革命的关怀与指导》，韦经照的《毛泽东军事思想在琼崖抗日战争中的运用》，王朝赞的《海南革命与中国共产党》，邢谷宜的《琼崖早期革命报刊》，唐昆宁的《中共琼崖党组织与琼崖抗日游击战争》等，都通过对中国共产党及其领导人与琼崖革命的关系论证，说明了"二十三年红旗不倒"的奇迹出现并非偶然。

中国共产党在琼崖地方党组织产生前，对琼崖革命的指导主要是思想上的，而在琼崖地方党组织正式成立后，就进入了全面领导的时期。陈诚的《浅析五四运动对海南近代社会产生的重大影响》，王朝赞、符世贤的《马克思主义在海南的早期传播》，邢谷宜、陈泰义的《知识分子在琼崖早期革命斗争中的历史作用》等文，论述琼崖党组织成立前马克思主义和中国共产党为琼崖革命所做的思想和组织上的准备。1926 年 6 月，中共琼崖第一次代表大会在海口市召开，这是琼崖社会中具有划时代意义的重大事件。《今日海南》、《海南日报》、《海口晚报》曾发表多篇文章记叙中共琼崖地方组织诞生的过程，《揭开尘封的红色往事》全面介绍中共琼崖一大的准备和召开的过程。中共海口市委党史研究室的《中共琼崖一大研究资料选编》全面编选了一批原始史料、回忆文章和历史考证，为研究琼崖地方党组织成立的时间、会址、背景、主题、地位、与会代表及其与琼崖革命的关系等提供了真实的资料。陈永阶的《琼崖革命先驱者文集》编选了杨善集、王文明、徐成章等八位琼崖革命先驱在 1922—1927 年的 53 篇文章，在马克思主义在琼崖的传播和发展以及琼崖地方党组织的创建的研究中具有很高的价值。

　　作为琼崖革命的领导核心，琼崖党组织的建设是琼崖革命研究的重要问题。中共海南省委党史研究室的《琼崖革命研究论文选》集中收录了 20 世纪 80 年代琼崖革命研究的一批优秀成果。它们从党的思想建设、组织建设、武装斗争、统一战线、群众路线和根据地建设等角度研究琼崖革命的斗争历程、基本经验和历史意义，有助于我们进一步认识中国共产党与琼崖革命的关系。中共海南省委党史研究室的《红旗不倒——中共琼崖地方史》全面总结和研究了琼崖地方党组织在新民主主义时期各个不同历史阶段的斗争和发展，以真实历史和逻辑结论说明没有共产党就没有新琼崖的真理。以此书为基础，该研究室于 2007 年将其修改为《中国共产党海南历史》（第一卷）正式出版，以更全面、系统、真实的面貌反映了琼崖地方党组织在恶劣的自然条件和社会环境中艰难曲折的奋斗历史，也科学地总结和评价了其成功经验和失误教训。中共海口市委党史研究室的《中国共产党海口历史》（第一卷）与此相仿，但记述的是中共海口（含琼山）地方党组织的产生和发展的历史。《琼岛星火》第 18、19、22 辑还以琼崖地方党组织建设为主题，收录了许多回忆录和论文，从不同角度肯定了琼崖革命胜利的原因。赖永生的《留法勤工俭学学生与中共琼崖地方组织的建立》，程昭星的《中共琼崖党组织战争岁月的党风廉政建设》，程小斌的《中共琼崖党组织重视对党员和干部的教育培养》等文，也都颇有价值。

　　学者们还采取实证研究的方法，论证没有中国共产党，就没有琼崖革命，就没有琼崖革命的胜利的真理。琼崖军民孤岛奋战，但始终没有脱离党的领导和新民主主义革命进程。《琼岛星火》第 20 辑以"琼崖革命红色交通线研究专辑"，收有冯白驹、庄田等关于琼崖纵队通信联络情况，以及琼崖革命根据地与中央设法恢复和保持联系等回忆文章。此外，官丽珍的《连接琼崖与延安的电波》、李长征的《护送琼崖特委第一部电台的人》等，也都记述了琼崖党组织与中央设法联系的往事。广州军区司令部还编写了《华南抗日游击队琼崖纵队通讯兵史料回忆选编》。

当然，琼崖革命也有挫折和教训的发生。这些挫折和教训与当时党内的错误路线和政策都有直接关系。林师海、张学俊的《浅谈琼崖共青团工作的教训》，在对第二次国内革命战争时期琼崖团特委一度产生的摆脱党的领导的先锋主义第二党的错误行为进行了分析，认为这一错误偏向加上所谓的 AB 团事件以及其他原因，给正在蓬勃发展中的琼崖革命斗争特别是青年团工作带来了极大的损失。而中共琼崖特委错误地解散团特委以及不妥当地善后处理，也给共青团和革命事业造成了严重损失。然而，类似这样的实事求是的文章并不多见。

关于中共琼崖地方党史的大事记，也出了不少，如《中共海南历史大事记》（1950. 5—2004. 12），《中共琼海历史大事记》（1950. 5—2004. 12），《中共文昌历史大事记》（1926—2006）等，都涉及海南地方党组织的思想、组织、作风、纪律、干部和文化等方面的建设，虽未公开出版，但资料均来源于各种历史档案、文件、报刊、书籍、简报以及有关人员的口述材料等，故有较强的历史真实性。

2. 为什么琼崖党组织和琼崖军民能够长期"孤岛奋战"？

琼崖革命是在孤悬海外的海南岛进行的。虽然面临国民党反动派和侵琼日军的重重围困，远离中央苏区和陕甘宁边区等主要的革命根据地，甚至与党中央完全失去联系数年，但琼崖地方党组织仍然能够和琼崖军民与敌人展开艰苦而顽强的斗争，并且始终立于不败之地。究竟是什么原因造就了"孤岛奋战"的奇迹？这不能不引起人们的研究兴趣。

琼崖革命能够长期"孤岛奋战"的奥秘就在于坚持武装斗争。"六月紧急会议、内洞山会议、云龙改编等重大转折性事件是琼崖革命研究的兴奋点。大革命失败后，1927 年 6 月，中共琼崖地委在乐会县第四区召开紧急会议（六月紧急会议），决定以革命的武装对付反革命的武装。同年 9 月，椰子寨战斗宣告了党在琼崖地区领导的人民军队（琼崖讨逆革命军，后称中国工农红军第二独立师）的诞生。1929 年 8 月，琼崖地方党组织在定安县内洞山召开琼崖各县代表联席会议（内洞山会议），批评了"城市中心论"的错误，确立了冯白驹的领导地位，决定开辟农村革命根据地，坚持武装斗争，实行土地改革，广泛开展游击战争。1938 年 12 月 5 日，琼崖工农红军在海口的云龙改编为广东民众抗日自卫团第十四区独立队，由此开始琼崖国共合作，使琼崖革命进入新的历史阶段。徐冰的《琼崖革命的历史转折点——内洞山会议》和《内洞山会议与琼崖革命的历史转折》等文高度评价了内洞山会议的历史地位，认为它挽救了琼崖党组织和革命，是琼崖革命斗争的重大历史转折。唐昆宁的《对云龙改编的历史思考》和韩小群的《孤岛奋战红旗不倒——琼崖红军云龙改编旧址》等在记述云龙改编的重大历史意义中，着重强调了琼崖革命精神的现实意义。

　　琼崖纵队是琼崖革命武装斗争的重要标志，也是琼崖人民的骄傲。每当琼崖革命武装诞生日纪念时，海南各界都会举行各种纪念活动并有研究成果问世。《琼崖纵队成立六十周年纪念册》、《琼岛星火》第 23 辑"琼崖纵队成立七十周年纪念专辑"等，记载了琼崖革命主要领导人和为琼崖革命做出贡献的杰出人物的革命事迹，展示了琼崖革命武装斗争的历史。张有富的《中流砥柱：抗战中的琼崖特委及人民武装》，赖永生的《艰苦卓绝红旗不倒——琼崖人民革命武装的创建和发展壮大》等文都系统回顾并全面分析了琼崖人民革命武装艰苦卓绝、红旗不倒的光辉历程和不朽功绩。广东人民出版社出版的《琼崖纵队史》从琼崖工农红军诞生开始，记叙琼崖革命武装所经历的艰苦卓绝的斗争历程，实际是一部琼崖武装斗争发展史。吴国华的《对〈琼崖纵队史〉几个问题的考证》一文，在充分肯定该书的同时，也对其中的一些史实运用提出了疑问。海南省委党史研究室和海南军区政治部等编辑出版的《土地革命战争时期各地武装起义：广东琼崖地区》、《中国革命起义全录·琼崖革命起义烽火录》、《琼岛丰碑——琼崖革命武装斗争历史图集》等，也都真实记录了琼崖革命武装斗争的历史，并以概述、文献、回忆、大事记、图表、参考资料等形式，对党领导下的武装起义进行了重点介绍。琼崖革命根据地是琼崖革命能够长期坚持孤岛奋战的直接证据。解决琼崖问题，只能是土地革命，并且走"农村包围城市，武装夺取政权"的道路。陈永阶的《琼崖革命根据地斗争史概述》和唐若玲的《土地革命时期琼崖共产党人对"农村包围城市革命道路"的探索与实践》等文，在全面分析琼崖共产党人对"农村包围城市革命道路"的艰难探索与成功实践的基础上，强调了琼崖革命长期坚持的原因。赵康太的《自然地理环境与中国革命道路的战略选择——兼论琼崖革命斗争"23 年红旗不倒"》，则从地理文化学角度对此进行新的分析，认为"农村包围城市"虽然反中国文明传统自西向东、自北而南的发展趋势，但它是在中国共产党的领导下的新民主主义革命理论和实践所缔造的新的中华文明。陈永阶、李国荣的《试论琼崖革命根据地早期的土地革命斗争》、黄慰慈、李慰祖的《琼崖抗日根据地的建立及其历史作用》、罗雨玉的《琼崖抗日根据地的创建及其特点》等文论述琼崖军民在党领导下，虽然地处海岛，远离中央，孤岛奋战，面对日伪军和国民党顽固派的夹攻，但仍坚守根据地，坚持武装斗争，最终使日军南侵和国民党把海南变成"第二台湾"的梦想破灭。广东人民出版社 1988年出版的《广东革命根据地论文选（1927—1937）》，收有不少关于琼崖革命根据地研究的论文，如《琼崖革命根据地是如何建立和发展的》、《土地革命时期的琼崖革命根据地初探》、《"左"倾错误对琼崖革命根据地的影响》等文，都有助于认识琼崖革命根据地的形成、发展、特点和地位。

在艰苦卓绝的二十三年革命斗争中，琼崖军民先后建立过多块革命根据地。李大仟的《美合抗日根据地的创建及其历史作用》等文以及崔开勇的《母瑞山：琼崖革命摇篮》、钟燕波的《二十三年红旗不倒——六连岭革命斗争纪实》、符莹的《记木排革命根据地军民抗日反顽斗争的故事》等，如实记述了不同的革命根据地的艰苦斗争。在各地编写的文史资料中，有大量关于各根据地斗争的记述，如《万宁文史》第 3 辑就基本是六连岭革命根据地专辑。《琼岛星火》第 17 辑集中选录了琼崖革命根据地政权建设的一些重要历史文献，特别是冯白驹等人在琼崖苏维埃政权各种会议上的讲话，以及陵水、文昌、乐四区等地苏维埃政权建设的回忆和考证文章，对于研究琼崖革命根据地具有重要的史料价值。

五指山革命根据地，是党在琼崖抗战后期创建的最大的根据地。它以琼文等革命根据地为基础，逐渐发展成为琼崖中心革命根据地，对于支持和发展后期琼崖人民的革命斗争起了极其重要的作用。叶文益的《五指山革命根据地的建立及其作用》，王昌的《一九四三年黎族人民的起义及建立五指山革命根据地的斗争》，赵哲先的《五指山革命根据地的建立》，林开光的《浅析抗战时期我党提出开辟五指山根据地的内在动因》等文，论述了琼崖党组织坚持统战政策，与国民党顽固派进行的有理有利有节的斗争和适当的妥协退让原则，并充分肯定了五指山革命根据地的历史地位和作用。邢关英的《黎族人民与五指山区中心革命根据地》，认为五指山革命根据地之所以能够坚持存在，除有党的正确革命路线指导和以冯白驹为核心的琼崖特委的直接领导外，也与以黎族人民为主体的五指山区各族人民的牺牲和贡献分不开的。王新芒的《五指山解放区的建设与党在民族地区的执政经验》还总结了新民主主义革命时期党在五指山民族地区的执政经验，认为这对于今天党的民族地区政策的制定和执行有着直接的参考和借鉴作用。

"战争不但是军事的和政治的竞赛，还是经济的竞赛。"[①] 坚持孤岛奋战，必须解决琼崖革命根据地的财政问题。王礼琦、邢益森、武力的《琼崖革命根据地的经济斗争》论述了琼崖革命根据地在不同历史时期，面临日寇经济掠夺和国民党反动派的重重封锁，以艰苦奋斗的精神，实行积极的财政措施，开展生产运动，开源节流，活跃根据地经济，保障战争供给和军民的生活需求。《中国经济史研究》1992年第3期发表解学诗《特色鲜明的经济史专著》的书评，以"特色鲜明"概括此书的学术价值。周卉的《土地革命战争时期琼崖苏区的财

---

① 《毛泽东选集》第 3 卷，人民出版社 1991 年版，第 1024 页。

政建设及其历史经验初探》，唐若玲的《论琼崖革命根据地的经济建设》，邢益森的《琼崖革命根据地部队的财经工作》，黄文主的《琼崖纵队经济保障史实》等，也都对琼崖革命根据地采取的筹粮筹款、组织物资供应以及财政收支原则和财政管理等经济保障措施进行了全面分析，充分肯定了它们对琼崖革命的贡献。海南人民出版社出版的《琼崖革命根据地财经税收史料选编》（1988）也收录一些专题性论文，如邢益森的《琼崖革命根据地的金融货币史》和《琼崖革命根据地的商业贸易》等。中国财政经济出版社出版的《中国革命根据地工商税收史长编——琼崖革命根据地》（1989）也属于这一研究专题。

1941 年抗战期间，琼崖东北区政府曾发行"国币代用券"。其发行经过，占力之的《抗日战争时期琼崖东北区政府发行"国币代用券"的经过》一文有详细叙述。侯志远的《抗日战争时期革命根据地的货币》，吴筹中的《我党抗日战争时期的货币财经研究》，陈鸿鼎的《道南币和王毅币》，在分析抗战时期我党发行的各种货币的背景、原因和流行情况时，也都涉及琼崖东北区政府发行的流通券。

3. 什么是"琼崖革命精神"的内涵？

琼崖革命精神是琼崖革命留给今天的最宝贵的精神遗产。"红旗不倒"、"孤岛奋战"等辉煌战绩，都离不开琼崖革命精神。这种精神不但贯穿于琼崖革命始终，而且对于今天海南的社会主义现代化建设，也是重要的精神文化资源。然而，琼崖革命精神的内涵是什么？它与同时期的延安精神、井冈山精神、西柏坡精神等有什么区别？这都是一些非常具有现实意义的话题。

改革开放以来，出于海南经济特区建设的需要，许多文章都乐于分析和研究琼崖革命精神的内涵。这些文章主要发表于《今日海南》、《海南日报》、《新东方》、《特区展望》以及海南本地大专院校的学报。程昭星的《艰苦奋斗作风与海南革命 23 年红旗不倒》，周卉的《生死与共，休戚相关》，吴淑贞的《密切联系群众加快海南发展》，林鸿范的《"二十三年红旗不倒"的经验和启示》等文，都从不同的角度论述琼崖孤岛奋战的奇迹，认为琼崖革命的胜利不但是党的正确领导和毛泽东思想的指导，而且也是琼崖人民自力更生、艰苦奋斗、坚持群众路线的琼崖革命精神的体现。一部琼崖革命史，就是琼崖革命精神的形成和发展的历史。

琼崖革命精神在琼崖革命领袖的政治素质、思想品质、领导才能和人格魅力等方面体现得最为突出。作为琼崖革命的主要领导人，冯白驹精神当然也是琼崖革命精神的体现。唐昆宁的《试论毛泽东思想在琼崖革命中作用——兼论冯白驹的历史功绩》，王万江的《试论冯白驹对琼崖革命的特殊贡献》，程昭星的《知不足而后学之》等文认为，冯白驹求真务实、襟怀坦白、谦虚谨慎、认真负责、密切联系群众的精神正是琼崖革命胜利的法宝。《冯白驹精神永存——冯白驹研究论文选》收录有 1997 年冯白驹研究学术研讨会的优秀论文，多论及冯白驹精神的内涵，如《周恩来与冯白驹》、《冯白驹与琼崖革命》、《冯白驹精神的基本特征及其启示》、《冯白驹的革命思想和革命实践刍论》、《论冯白驹五湖四海思想的主要内容及其现实意义》、《冯白驹与琼崖抗战》、《冯白驹与琼崖三大攻势》、《冯白驹对黎族人民的贡献》等。关于冯白驹精神的研究也体现于冯白驹的各种传记和回忆录中。吴之、朱逸辉的《冯白驹回忆录》和邢诒孔、彭长霖、钱跃的《冯白驹将军传》以及吴之、贺朗的《冯白驹传》等都真实反映了冯白驹实事求是、依靠人民群众、坚持五湖四海、严格遵守党的民主集中制原则，特别是在"扭曲人性"、"歪曲真理"的那个特殊年代里，冯白驹坚持真理、相信党和人民的崇高精神境界和共产党员的浩然正气。

不仅是冯白驹，王文明、杨善集、徐成章、冯平、李硕勋、张云逸、周士第、李振亚、庄田、王国兴、马白山等所有为琼崖革命做出贡献的琼崖革命先驱和革命英烈的身上都闪烁着琼崖革命精神的光芒。在关于这些人物的回忆、传记和研究论著中，都有这方面的许多记载和论述。如冯子平的《冯平传》，罗永平的《张云逸大将传略》，杨弘的《周士第将军》，钱跃的《永远的怀念——纪念马白山将军》，王嘉翔的《华侨将军》，林明玉的《战将风范——纪念潘江汉同志》，朱逸辉的《英雄团长李贤祥》以及《红旗不倒：琼崖革命根据地寻访》等，都是研究琼崖革命精神的第一手资料。

琼崖革命精神的内涵十分丰富。除冯白驹精神、王文明精神等外，还有被人们誉为"红色娘子军精神"、"琼崖地下学联精神"、"白沙起义精神"等要素。如林鸿范的《论红色娘子军精神及其现实意义》，董元培的《发扬白沙起义的革命精神加快山区的开发建设》，程昭星的《火种不灭红旗不倒》等文，都分析了琼崖革命精神在不同的革命斗争领域的具体体现。由于它们都是血写的历史真实，因而无论用"琼崖革命精神"来如何概括它们都不过分。

李德芳、杨娜不但出版了《琼崖革命精神论》专著，而且先后发表《试论琼崖革命精神的特性——兼与井冈山精神、延安精神、西柏坡精神比较》和《对加强地方特色革命传统教育的思考》等文章。他们以琼崖革命的历史过程为出发点，从历史文化、革命领袖及群众、妇女等方面解析琼崖革命的精神元素，总结了琼崖革命精神的内涵和特色，阐述了琼崖革命精神的历史地位和当代价值。他们把琼崖革命精神的内涵概括为："红旗不倒，信念坚定；孤岛奋战，自立自强；依靠群众，甘于奉献；五湖四海，民族团结。"在与井冈山精神、延安精神和西柏坡精神进行比较后，指出它们都是中国共产党人的宝贵精神财富，只是由于独特的孕育环境和历史文化背景，才有了鲜明的特性与个性。

在今天的社会主义现代化建设和爱国主义教育中，必须重视地方特色的挖掘，特别是革命精神的教育功能。2008 年，在井冈山大学召开"中国红色资源教育教学理论研讨会"，提出要重视革命精神的研究和教育，建议将其作为高校思想政治理论课的重要内容。会议参加者就有来自陕北、江西和海南的高校思想政治理论课教师代表。

4. 怎样正确对待"红色娘子军"？

"红色娘子军"，指成立于 1931 年 5 月 1 日的"中国工农红军第二独立师第三团女子军特务连"。从成立到解体，前后一年多时间。

"红色娘子军"一词来自发表在《解放军文艺》（1957 年 8 月号）上的同名报告文学。"文化大革命"中，芭蕾舞剧《红色娘子军》成为"革命样板戏"，于是迅速风靡全国，其真实的历史地位被无限放大。随着全国性的"左"的思潮退去，关于"红色娘子军"的研究才逐渐走上正轨。人们开始用理性的眼光审视"红色娘子军"，主要涉及它的成立时间、地点、原因、精神以及结局等问题。

关于"红色娘子军"的成立时间和地点，一般认为成立于 1931年 5 月 1 日乐会县第四区，但也有不少文章说成是同年 3 月 26 日。后者其实是其前身"乐会县赤色女子军"的成立时间，时仅一个排，后因要求参加者剧增，琼崖特委才决定正式组建，于是在 5 月 1 日正式成立。这一争论缺乏实质性意义。

"红色娘子军"只有一年战史，值得研究的根本原因在于它留下的"红色娘子军精神"。韦经照的《琼崖妇女运动概述》，林孟娟的《琼崖妇女革命斗争的三个特点》，李琼桂的《儋州妇女光辉的一页》等文，把女子军特务连放在琼崖革命和琼崖妇女解放斗争的大背景下分析，认为琼崖妇女革命斗争最突出的特征就是在琼崖革命中形成的"红色娘子军精神"。揭示这种革命精神最深刻的著作，是朱逸辉的《红色娘子军写真》和张开新主编的《红色娘子军史》。它们如实记述"红色娘子军"在党的领导下，如何配合红军主力英勇作战，不怕牺牲，直至被敌人"围剿"失散而解体。在敌人的酷刑下，绝大多战士坚贞不屈，与敌人进行了顽强斗争。书中还附有许多珍贵回忆史料和连队序列、编制、干部和烈士简介等。琼海市委党史研究室编的《红色娘子军研究》（第一辑）对"红色娘子军"精神、人物、影视作品形成等作了介绍。《琼岛星火》第 5 辑也以"琼崖妇女革命斗争纪念"为题，而"红色娘子军"的发展始末是其主要内容。刘复生的《记忆与变迁》一文，以"红色娘子军"为典型来分析海南女性文化，认为"红色娘子军"是中国女性与中国历史的一份独特的遗产。作为一个象征，它穿越历史，在今日仍依稀传达着丰富的启示。

中国妇女忍受的压迫最重，但为什么"红色娘子军"只出现在海南岛？罗修湖、马庆思的《红色娘子军》和彭泽成、黄培岳的《寻找红色娘子军》等文认为，琼崖妇女除受"政权、族权、神权、夫权"四条绳索的束缚外，还受尽家庭的虐待和丈夫遗弃的精神折磨，承担繁重的体力劳动，成为"家庭的奴隶"。这就是"红色娘子军"坚强的反抗精神和吃苦耐劳的性格形成的社会原因和走上革命道路的重要因索。王齐冰的《试析琼崖妇女革命悲情的历史文化成因》认为，海南岛特殊的热带生存环境以及历史文化中的祖先崇拜、儒家伦理是构成琼崖妇女革命悲情的文化成因，但要实现琼崖妇女解放的目标，单靠一次琼崖革命远远不够，必须对这种历史文化品性进行全面持久的变革，才能使海南妇女获得新鲜的现代健康人生。

因为"红色娘子军"的走红，也引发了关于娘子军的起源的探讨。郭美兰的《中共党史上第一批红色娘子军》认为，中国共产党领导下的第一支红色娘子军，并非琼崖女子军特务连，也不是南昌起义中的女兵队，而是北伐战争中成立的武汉中央军事政治学校的女学员。该军校女学员的招生、初试、复试都由中国共产党人亲自操办。杨闻宇的《溯源娘子军》一文更指出，中国最早的娘子军出自晋冀交界方位的娘子关。这都说明"红色娘子军"的意义已经超出了海南岛。

20 世纪 80 年代以后，人们开始更多地关注"红色娘子军"战士的悲剧结局。女子军特务连在驻琼国民党军陈汉光部"围剿"下损失惨重，大部分战士牺牲，一部分被俘后押往广东"感化院"。1933 年出版的《东方画报》第 31 卷第 8 号刊有被俘的七名女战士在"感化院"的两张照片，并注明系主动投诚自首。[1] 同年，陈汉光部拍摄一部名为《琼崖剿匪记》的电影对这段历史进行歪曲。1980 年以后，各种报刊上关于女子军战士结局的报道日益增多，有人提出疑问："历史上有没有洪常青？"朱逸辉主编的《海南革命史研究》第七期还刊有陈坚的文章：《不应再让不知者继续宣传叛徒王时香》（此说

---

[1]　此为国民党当局混淆视听的宣传，实无此事。

明依据，王时香不是叛徒），有人据此反问："是谁制造了'王时香出卖王文宇'的弥天谎言"等。李英敏的《我们该怎样看待"红色娘子军"》，黄培岳的《"红色娘子军"幸存者的遭遇》，李石元、张雪峰的《昔日"琼花"今何在?》等文记叙女战士们在队伍解散后的不幸遭遇和悲惨处境。在讨论中，不少人为"红色娘子军"进行声辩，认为结局并不等于性质，"红色娘子军"精神不能被扼杀。彭泽成的《红色娘子军里的婚恋故事》讲述了红色娘子军中感人的婚恋故事。李石元、张雪峰的《这是一片红色的热土》，陈福林等的《她从红色娘子军连走来》，何雁的《听老战士回忆抗战往事》等文，则通过对健在的"红色娘子军"女战士的采访，记述她们英勇奋战，血染沙场的故事。

　　"红色娘子军"也引起了人们关于文学与政治、历史与现实等问题的深刻反思。罗长青的《"红色娘子军"创作论争及其反思》，从"红色娘子军"创作论争引申出许多非艺术问题，如特定时代"红色娘子军"资源被无偿使用、大众传媒的煽动与新闻标题的误导等，这些都是很有意义的问题。郭小东、晓剑于2000年出版根据电影改编的长篇小说《红色娘子军》。小说在基本保有电影原貌的前提下，以电影主人公和其后代两代人的生活遭遇相对照，延续了电影中的"红色娘子军"战士的故事。作者在"自序"中说："我企图用一种文化的思想，去浸润剧本提供的阶级斗争刚性，用一种现代精神，去解构70年前那一代人的思想和行为轨迹。"虽然是文学虚构，但有助于"红色娘子军"文化研究的深入。

　　除了"红色娘子军"，琼崖革命中还产生了一支"红色少年连"。[①] 吴之的《红色少年连》全面介绍了琼崖纵队领导下的少年连的成立和战斗历程，并收录有冯白驹等琼崖纵队领导人对少年连贡献的评价文章。朱逸辉主编的《海南革命史研究》也收有宣传与学习

---

　　① 应为琼崖独立总队第一支队特务连，因有许多少年战士而得名，与成建制的"女子军特务连"不同。

"红色少年连"的倡议文章。但由于时代不同了，"红色少年连"并没有遇到"红色娘子军"那样的运气。

5. 如何分析日军侵琼的"开发"战略？

1939 年 2 月 10 日，日本侵略军"台湾混成旅团"数千人，在 30 余艘舰艇和 50 余架飞机的掩护下登陆海南岛。自此，日军开始了在海南岛的侵略暴行和资源掠夺，琼崖也进入全面抗战时期。长期以来，学界关于这一问题的研究，主要集中于日军暴行和琼崖抗战，对于日本"开发"海南岛的战略鲜有涉及。这一问题直至 2010 年才引起了更多关注。

日军侵琼，铁证如山，仅被杀害的海南各族群众就达 40 余万。符和积的《铁蹄下的腥风血雨——日军侵琼暴行实录》汇集日军在海南 18 个县市犯下的种种暴行，以众多亲历者、幸存者和知情者的口述史事为证。由王翔翻译的日本学者水野明的《日本军队对海南岛的侵占与暴政（1939—1945）》，以侵琼日军的文件、命令、报告和记录等为依据，并参考近年来日本学者对日本侵华史的研究成果，全面揭露了日军侵琼的意图和罪行，还附有侵琼日军慰安妇实录。该书还大量引用了堪称孤本的侵琼日军的绝密文件。符和积的《侵琼日军慰安妇实录》、《世界妇女史上惨痛的一页》、《不堪回首的屈辱往事》等文，以及各市县主编的《文史资料》中，也都痛斥了日军强奸、轮奸、糟蹋残害琼崖妇女的罪行，真实地记叙了海南籍慰安妇的悲惨命运。何雁的《凝固的影像，不灭的史实》，吴陆荣的《侵琼日军在八所港的暴行》，韦月英等的《海南岛上的日军暴行》，郑泽隆的《日军掠童新罪证》等文，也都以新的证据揭露了日军残害琼崖人民生命的历史事实。

在长达六年多的孤岛抗战中，琼崖人民付出的代价极为沉重。在纪念抗战胜利五十、六十周年时，海南省及各市县的党史办都举行纪念活动，在有关报刊和文史资料以专题名义集中发表纪念文章，讲述日军的暴行和海南人民的反抗。它们或名"侵略与反抗"，或名"铁蹄下的血泪仇"，或名"历史不可忘却"，或名"暴行与反暴行"、或名"血泪烽烟"等，如《海南文史》第 20 辑、《琼山文史》第 8 辑、

《保亭文史》第 7 辑、《儋州文史》第 7、8 辑、《保亭文史》第 9 辑、《定安文史》第 4 辑、《屯昌文史》第 4 辑、《万宁文史》第 5 辑、《临高文史》第 10 辑、《琼中文史》第 5 辑、《昌江文史》第 6 辑、《琼海文史》第 6 辑、《乐东文史》第 6 辑、《澄迈文史》第 10 辑等。宓汝成、王礼琦的《日本侵占海南岛和海南岛人民的抗日斗争》，刘美崧的《海南各族人民的抗日救亡斗争》，林日举等的《现代外国资本主义侵琼及岛内人民的抗争》，鲁兵等的《琼崖抗战的历史丰碑》，吴基林的《坂田太郎认输记》等文，都在揭露日本侵略者罪行的前提下，叙述了琼崖人民在党领导下开展的勇敢而顽强抗日斗争。唐若玲的《日本帝国主义侵琼史略》和张一平、程晓华的《海南抗日战争史稿》还在全面分析日军侵琼野蛮行径的同时，记述了琼崖人民在党的领导下与侵琼日军展开的艰苦卓绝的斗争的历史过程。

在抗战中，海外华人华侨做出了杰出贡献。特别是他们组建的"琼崖华侨联合总会回乡服务团"不能不引起人们的研究兴趣。程昭星、王新芒的《琼籍华侨与海南革命》，陈永阶、林飞鸾的《琼崖华侨联合总会回乡服务团研究史料》，符和积的《琼侨抗日英杰——符克烈士专辑》，朱逸辉的《天涯赤子心》以及《海南文史资料》第 15 辑、《琼岛星火》第 13 辑等都以大量丰富的原始资料记录了琼籍华人华侨和归侨、侨眷侨属、港澳同胞为琼崖革命做出的历史贡献。琼籍台湾"中研院"研究员苏云峰所著的《海南历史论文集》中许多篇章都涉及琼崖近现代史，如《日军在海南之暴行》、《星洲琼侨与中国革命》、《星马华人在抗日战争中的牺牲与奉献》等。

近年来，学者们开始关注日本的侵琼目的和"开发"战略。海南岛是中国内地通往东南亚各国的战略要冲，又具有丰富的热带资源和矿产资源，战略地位极为重要。王裕秋的《历史上日本人和海南岛的关系》梳理了日本人与海南岛的关系，揭露了日本侵琼的野心由来已久。文中指出，早在汉唐时期，日本人就开始进入海南岛。宋代以后，日本倭寇侵入海南岛进行掠夺。近代以来，日本人不断对海南进行地理、资源和军事调查，居心叵测，连侨民也成了特务和侵略者。

金山的《日本帝国主义侵琼的黎苗族政策》以日文资料为据，指出，在 20 世纪初日本学者开始进入海南岛腹地进行所谓的调查研究，并以此为据向日军提出了制定黎族政策的建议。伦祥文的《抗日战争期间日本侵占海南岛及其经济掠夺》和隋丽娟的《试述日本侵占海南岛策略》等文指出，日军侵琼不仅在于摆脱中国战场上的胶着状态，而且是要谋求东南亚和太平洋的霸权，把海南岛变成"对华航空作战及封锁作战基地"，以便"控制整个南太平洋"、"囊括东南亚"，建立"以战养战"的经济自给体系，为其"大东亚战争"服务。

因此，关于日军侵占海南岛后如何掠夺海南资源的研究也日益增多。张兴吉的《日本侵占海南岛罪行研究》以大量中、日文历史资料为基础，通过分析日本侵琼时期的有关文献，对日本人的侵琼罪行，特别是所谓"海南岛开发"行为进行了透彻研究。该书全面揭露了侵琼日军犯下的种种罪行，并通过对其所谓"海南岛开发"中的基础设施建设、农业政策、工业政策以及林牧渔业等方面的对策分析，深刻剖析了其掠夺海南岛丰富资源的实质。书中的一些文章发表于《日本学论坛》、《中国边疆史地研究》等颇有影响的刊物。曹大臣的《日本对海南岛调查之评述》，李琳的《日本占领海南及其对资源的开发和掠夺》，许金生的《从石碌铁矿看日本侵占海南岛时期的"开发"重点》，王翔的《日本侵占海南期间推行"军票"的过程及其后果》等文章，也都揭示了日军对海南岛资源的调查和"开发"的罪行。隋丽娟、张兴吉的《"台湾总督府"在日本侵占海南岛时期"海南岛开发"中的作用》，指出"台湾总督府"在日军侵琼期间用所谓"台湾经验"积极配合日军，给了侵琼日军最大的支持。

关于日军的侵琼目的、资源调查和"开发"战略的研究，都是日军暴行研究和琼崖抗战研究的进一步深入。这些问题的研究使日本帝国主义长期占领海南的野心昭然若揭。这些研究对于理解今天的海南开发和建设问题也具有重要的理论意义和实践意义。

6. 如何认识白沙起义的性质？

日军登陆海南后，国民党琼崖守军退入五指山，在其驻地白沙县奸淫掳掠，杀人放火，激起了当地黎族、苗族人民的极大愤恨。1943年8月，黎、苗族人民在王国兴的领导下发动了反抗国民党暴行的白沙起义。这场起义最初是群众性的自发起义，虽然最后汇入中国新民主主义革命的洪流中，但关于白沙起义的原因及其地位，仍然是这一问题研究的聚焦点。

关于白沙起义的史实，在海南的各种文史资料中都有大量材料汇集。如《白沙文史》第5辑，《通什文史》第1、4、5辑，《琼中文史》第4辑等，就收有大量关于白沙起义参加者的回忆录和对黎族苗族革命领导人王国兴、陈斯德和陈理文等人的缅怀文章以及国民党军阀陈汉光剿抚兼施的黎民政策等文章。《琼岛星火》第12辑为"白沙起义纪念专辑"，收有冯白驹、王国兴等人及其亲属的回忆文章和关于白沙起义中黎族首领和骨干情况简介。《海南文史资料》第7、9辑为"黎族史料专辑"，虽然收录的是近代以来黎族社会的政治、经济、军事和文化等方面的史料，但关于黎族人民的反抗斗争以及王国兴在白沙起义危难时寻找共产党的经过等文章，为认识白沙起义提供了宝贵资料。

为什么会爆发白沙起义？学者们认为，首先，国民党反动派的大屠杀政策所致。李明天的《海南岛苗族反抗国民党反动派大屠杀的斗争》，杨德春的《谈谈黎族白沙起义的特点》，程昭星的《抗战中的黎族人民》等文，都指出长期以来，黎、苗族人民深受历代反动统治阶级的歧视、压迫和残杀，造成他们生活凄苦，发展缓慢，而1943年国民党反动派对海南岛少数民族的大规模屠杀，是白沙起义发生的根本原因。其次，学者们认为，黎族人民具有光荣的反抗斗争传统，这是白沙起义的内在因素。廖石泉、姜永兴的《黎族人民现代革命斗争史略》，邢关英的《黎族人民斗争史述略》，张介文的《明代黎族人民起义原因探讨》等文章，都从历史角度指出，黎族人民自西汉以来就不断进行反抗反动统治者的斗争，仅在明代就连续爆发过30余次反抗封建王朝的农民起义。最后，还有不少学者从历代封建统治者的治黎对策中寻找白沙起义的传统因素。孙有康的《试论海瑞的治黎

政策》，袁国客的《清代海南治黎及其影响》，卢苇的《清代海南的
"黎乱"和清朝政府的"治黎"政策》，肖红松的《张之洞治黎方策
与绩效论析》，唐上意的《张之洞对琼州客黎起义的镇抚与黎区的开
发》等文，都分析了海南黎区动荡的成因，并指出历代封建统治者从
平息"黎乱"着手，实行剿抚兼施的方针，一方面稳定局势，另一方
面实行"剿抚"，其结果却是黎、苗族人民的反抗斗争。

　　既然白沙起义最初为群众性的自发反抗，那么它是如何被汇入新
民主主义革命洪流中的？因此，这场起义与中国共产党的关系就成为
研究的重点。王昌的《盼党》记述白沙起义后，黎族起义领袖王国兴
寻找党的领导和支持，而冯白驹领导的琼崖纵队也派人进入五指山支
援黎族人民斗争的历史事实。《白沙起义四十周年纪念文集》不但回
忆和缅怀白沙起义和王国兴等黎族领袖，而且也有白沙起义受挫后黎
族人民寻找共产党的思想基础的分析和总结的文章。符泰光的《黎族
领袖王国兴的革命实践及其成长道路》系统分析王国兴走上革命的道
路，而王勇的《冯白驹对黎族人民的贡献》则全面论述冯白驹对白沙
起义和黎族人民革命斗争的支援。中元秀的《黎族人民领袖王国兴》
以及《琼岛星火》第6辑"纪念王国兴专辑"，都展现了王国兴如何
从黎族首领"奥雅"成为白沙起义总指挥，又如何在党的培养下成为
党的忠诚追随者，最后为共产主义奋斗的一生。程昭星的《论新民主
主义革命时期党在五指山区的民族工作》认为，正是中共琼崖地方组
织按照中央指示精神在五指山区坚持了正确的民族政策，才得到了
黎、苗族群众的支持，为五指山区革命根据地的创立起到了至关重要
的作用。党对白沙起义的主动领导和黎族人民向党的自觉靠拢，这就
是关于白沙起义的性质界定。

　　白沙起义为党在海南黎、苗族地区的发展开辟了道路，奠定了五
指山区中心革命根据地建立的基础。王国全的《黎族在历史上的重大
贡献》，聂祖海的《新民主主义时期苗族人民的历史贡献》，孟波的
《海南岛黎族人民的白沙起义》，符泰光的《黎族白沙起义的历史地
位和作用》，苏儒光的《白沙起义的几件文物》等文，都综述了黎、

苗族人民英勇顽强的革命斗争，分析了白沙起义的历史地位和重大影响。程昭星发表于《中共党史研究》2000 年第 3 期的《海南少数民族对解放战争的贡献》，论述溃退到海南的国民党反动派企图消灭中共琼崖地方党组织及其领导的武装力量，营造负隅顽抗的海上基地，而在这样的严重形势下，若不是白沙起义奠定的五指山革命根据地的坚守和顽强斗争，解放海南战役就不会进行得那么顺利。程昭星、邢诒孔的《黎族人民斗争史》还从历史上黎族人民的反抗斗争记述开始，重点记述了黎族人民在新民主主义革命时期的反抗斗争的历史。该书特别指出，琼崖第一个苏维埃政权是在黎族地区建立的，黎族人民积极参加了反抗日本侵略者的斗争，对中国人民的解放事业做出了杰出的贡献。哈经雄等编写的《中国现代少数民族革命史大事记》也将白沙起义收入中国现代少数民族革命史上的重大历史事件记录中。

研究白沙起义，并非就事论事，而是要研究黎、苗族社会的现代化问题。程昭星承担的国家社会科学基金项目"中国共产党与黎族社会发展"的意图，就在于从黎族社会近代以来发生的巨大变革，分析黎族社会发展的真正原因，以便说明只有在共产党的正确领导下，黎族社会才能摆脱贫困落后，走上繁荣和飞跃发展的道路。毫无疑问，这是白沙起义研究课题的继续。

7. 如何历史地评价冯白驹和近现代琼崖人物？

历史人物评价是历史研究的重要内容。改革开放以来，关于琼崖革命人物的回忆、纪念和传记等著述层出不穷，难以计数。它们或为战友、同事、下属和熟人的回忆，或为其诞辰、逝世纪念日对其一生的回顾，或为其战斗生涯和人格风范的传记。作为琼崖革命的主要领导人，冯白驹研究更是人物研究的重心。为便于了解近现代琼崖人物研究的进展，我们对著述进行综合论述，分为琼崖革命先驱、琼崖革命领导人、琼崖革命烈士和琼崖民国军政人物研究等系列。

琼崖革命先驱者，主要指中共琼崖一大召开前在琼崖从事马克思主义宣传和革命斗争的中国共产党人。他们不但最早将马克思主义传播到海南，而且为琼崖党组织的建立奠定了思想和组织的基础，并且后来还成为琼崖地方党组织的领导者，如杨善集、王文明、冯平、徐成章等。如琼岛星火编辑部的《王文明》，琼海县委党史办的《杨善集》、冯子平的《冯平传》、陈永阶的《琼崖革命先驱者文集》，曹燕的《琼崖革命英烈传略》，蔡葩的《琼崖革命先烈冯平》等文，都详细介绍了这些琼崖早期共产党人的革命事迹和详细生平，特别是他们为琼崖党组织成立所作的努力。在 2010 年 4 月召开的"中共琼崖一大代表人物与琼崖革命学术研讨会"，更是对他们的历史地位和卓越贡献的高度评价。

关于琼崖革命领导人的研究成果十分丰富。由于回忆、纪念和传记类文章很多，许多成果又未能公开发表，此处我们只列举公开出版的著作。仅列入《中国人民解放军海南将领传》中的琼崖革命领导人，就有张云逸、周士第、冯白驹、庄田、卢胜、马白山、符确坚、吴克之、李振亚和陈青山等人。这些人物回忆和传记主要有：省委党史研究室的《将军的风采——怀念庄田同志》、《骁将风范——怀念李振亚将军》、《常胜将军——怀念吴克之同志》、《风范长存——纪念江田同志》等，冯子平的《冯平传》，于波的《张云逸大将》，陈永阶、何锦洲的《周士第将军传》，钱跃的《永远的怀念——纪念马白山将军》，马必前的《浴血天涯——马白山》，王炳南的《卢胜回忆录》，王嘉翔的《华侨将军》，林承钧的《陈其美传奇》，林明玉的《战将风范——纪念潘江汉同志》等。此类人物回忆和传记在《琼岛星火》、《海南文史资料》以及各市县的文史资料中都有辑录。

作为"琼崖人民的一面旗帜"，冯白驹研究必然成为琼崖革命研究的聚焦点。关于冯白驹的回忆、纪念、传记和研究论著众多，如吴之、贺朗的《冯白驹传》，邢诒孔、彭长霖、钱跃的《冯白驹将军传》，张松林的《不倒的红旗》，朱逸辉的《琼崖旗帜》以及海南省委党史研究室的《冯白驹精神永存》、《南天一柱——怀念冯白驹将军》和《深切的怀念——纪念冯白驹将军诞辰九十周年》等，以及《琼岛星火》第 3 辑的"冯白驹纪念专辑"等。其中，《冯白驹将军传》也许更接近历史真实。新中国成立以前，该书主要突出冯白驹在琼崖革命的关键时刻发挥的关键作用，揭示了他实事求是、依靠人民群众、坚持严格遵守党的民主集中制原则等高尚品德；新中国成立以后，该书则着重反映冯白驹在反地方主义和文化大革命中的挫折经历，着重突出他坚持真理、相信党和人民的崇高精神境界以及抵制"左"倾错误的浩然正气。这些论著都以弘扬冯白驹的崇高精神境界和人格风范为主题，并以各种原始史料为佐证，具有很高的历史真实性和强烈的社会现实性。广东人民出版社于1988年出版的《冯白驹研究史料》还辑选了冯白驹在不同历史时期的电报、报告、信件、总结、指示、讲话等，也载有冯白驹研究的有关文章，使研究者获取资料更加方便。

　　普通的琼崖革命烈士同样没有被研究者忽视。海南省委党史研究室《海南英烈谱》收录的被正式追认为革命烈士的名单就被分编为19卷。王莆清的《琼山英烈谱》仅记载了琼山1921—2000年被琼山市人民政府追认为革命烈士的就有3725人。冯子平的《琼崖革命精英录》，叶风的《琼台英杰各千秋》，詹尊仿等的《琼崖抗日英雄谱》，唐镇乐等的《琼岛魂》以及各地党史办编辑的《文昌英魂》、《三亚市革命人物录》、《乐东革命斗争人物传略》、《澄迈县人物志》、《万宁党史人物传略》等都是对琼崖革命英烈的追念。他们中有高级将领，也有普通共产党员、抗日战士、海外华侨、妇女英雄，还有基层党组织，堡垒村庄等，如何锦洲、张添亮的《李硕勋烈士传》以及朱逸辉的《英雄团长李贤祥》和《琼纵老战士王若夫》等。这些烈士名录丰富了琼崖地方党史研究的史料，也再现了琼崖革命斗争的历史。海南省委党史研究室在1980—1990年先后编辑出版了《琼崖英烈传》四辑，共收录琼崖英烈人物传记近200篇。海南各地文史资料编辑委员会编辑的《琼山县文史资料》第1、2、6辑，《儋州文史资料》第5、11辑，《琼海文史》第3辑等，也都以当地的革命烈士传记为主，同时还附有关于他们的回忆录和纪念诗文。

　　许多琼崖革命老战士晚年撰写的回忆录也成为研究琼崖革命的重要史料。庄田的《琼岛烽炯》、《逐鹿南疆》、《吴克之回忆录》，马白山的《浴血天涯》，吴以怀、冯国志的《戎马生涯》，王民的《我走过的路》，李英敏的《敌后十年》，林克仁的《八十春秋》，李高泰的《无悔人生》，李昌妥的《怀念》，冯国志的《逐鹿琼崖》，文度、冯国志的《战斗的人生》等，都是他们亲历琼崖革命斗争的回忆录。由于经费原因，它们大多未能公开印行，有的还由香港一些出版公司出版，但都从不同角度和侧面讴歌和展现了琼崖革命者壮丽的人生和高尚的品德。其中，肖焕辉的《琼崖曙光》和朱逸辉的《风雨历程》最为典型。他们都是琼崖革命过程的参加者，甚至是领导人，又具有一定的马克思主义水平，因而能把亲身经历与史料查证相结合，使其回忆录本身就成为真实的琼崖革命史。2000 年前后，由海南革命史研究会主编的《海南革命史研究》1—10 期以未公开出版的形式印行，内容十分丰富，回忆文章也不少，很有价值。

国共合作和国民党军政界人物也是琼崖革命的重要研究内容。范运晰的《琼籍民国将军录》和《琼籍民国人物传》共收录琼籍民国将军 375 人。郭仁勇的《文昌将军传》收有文昌籍国民党军政人物360 人，仅将军就有 197 人。欧大雄的《归宿——郑庭笈将军传》、《独脚将军陈策传》和《郑介民军统生涯》以及陈鸿远、吴钟英的《琼籍民国将领吴道南风云录》等人物传记都以资料丰富翔实见长，较为客观真实地记录了这些琼籍国民党军政人物的一生。这些人物传记不但澄清了一些历史事件，而且披露了一些鲜为人知的史料，对于研究国民党内部宗派、山头的相互倾轧以及琼崖国民党军政体系的嬗变及活动有一定的参考价值。

由于处在改革开放的背景下，这些近现代琼崖历史人物的回忆、纪念、传记和研究论著，无论是琼崖共产党人，还是琼崖国民党军政人物，其记述都基本客观真实。它们跨越的时间长，牵涉的范围广，内容丰富，资料翔实，往往采取夹叙夹议的方式，或者缅怀和追述琼崖革命人物光辉的奋斗历程和高尚的品格情操，或者真实地记录传主从军参政的军旅生涯。这些回忆、纪念和传记都从一个侧面再现了近现代琼崖社会纷繁复杂的历史风云。

8. 怎样看待琼崖革命中的冤假错案？

琼崖革命是前所未有的事业。它既是不断积累经验的过程，也是逐渐走向成熟的过程。因此，教训和失败也在所难免。"琼崖地下学联"案和"海南地方主义"案就属于较为重大的冤假错案。由于它们涉及如何评价知识分子在琼崖革命中的地位和作用，如何评价琼崖革命与中国新民主主义革命乃至社会主义革命的关系等问题，因而不能不引起人们的重视。

"琼崖地下学联案"发生于1949年。虽然时过境迁，但随着知识分子的地位和作用的重新认识，这一冤案发生的原因也开始受到更多的关注。琼崖地下学联的前身是1946年成立的府海读书会。改组为琼崖地下学联后，它仍在困境中坚持革命，但在1949年琼崖区党委内部的"反特"运动中被错误镇压。这一冤案直到1953年才获平反。20世纪90年代初，内部印行的《琼崖地下学联斗争史》展现了琼崖地下学联从萌芽、成立到发展、壮大的历史进程。1997年，在此书基础上又公开出版《椰岛学海洪波——琼崖地下学联史》。该书全面记叙了琼崖地下学联的斗争历史，目的在于为这桩冤案平反昭雪，并且提出要学习"琼崖地下学联精神"。该书旗帜鲜明地指出："这琼崖地下学联案是琼崖革命史上何等惨痛的血的教训！这是对党中央和中共琼崖区党委有关努力开展城市学运、开展敌后斗争的一系列指示、决定的否定；是对琼崖党组织直接领导下组织起来的琼崖地下学联及其对敌斗争的历史功绩的否定；是对知识分子和海外回国参加革命的青年学生，献身祖国的解放事业的赤诚之心的否定。"2004年，《历史的真相·琼崖地下学联史补充资料专辑》印行。该书采取历史反思、理论分析和人物回忆的方式，揭示了这场冤案的真相，并选有与冤案相关的琼崖党组织负责人冯白驹等关于该桩冤案的检讨以及有关的回忆和反思文章。蔡葩的《有多少优雅可以重现》一书更以充满真情的文学笔法揭示了这桩冤案发生的前因后果，并以"繁花凋落黎明前"为名描写这桩冤案的悲剧性质。在为数不多的论文中，郑小枚的《琼崖革命中的知识分子问题刍论》则能联系长期以来党内的

"左"倾偏向和知识分子的错误政策进行理论反思，并分析了"琼崖地下学联案"对知识分子政策的制定和执行所带来的影响。

海南"地方主义"案发生在 20 世纪 50 年代，是当时广东的反"地方主义"运动的重要组成部分。虽然此时的海南岛已进入社会主义革命与建设时期，但因为琼崖纵队大部转业、地方干部使用等问题都涉及琼崖革命，因而仍然属于琼崖革命研究的范围。史实、曾史文的《为古大存力陈冤情争取平反始末》记述了当年广东反"地方主义"冤案的经过，也披露了曾史文首次面见习仲勋申诉古大存冤情，最终在邓小平、习仲勋、任仲夷等关心下该案才于 1984 年得以彻底平反的过程。陈锦爱的《琼海往事》也有"琼海县的反地方主义运动"内容，可见这场运动当时遍及全岛。关于冤案发生的原因，许多文章都指出，这是"左"倾思潮影响的结果。宋凤英的《华南分局重要领导人方方蒙冤始末》等文揭示了这场斗争的复杂性和特殊性。关于这桩冤案平反的原因，有人认为，这是胡耀邦、习仲勋等中央领导的重视"'冯、古'地方主义反党联盟"平反工作的结果（如朱逸辉的《海南革命史研究》第 3 期）；也有人认为这是党的实事求是精神的体现（如张江明的《广东"地方主义"冤案是如何平反的》）。特别是吴之、贺朗的《冯白驹传》，邢诒孔、彭长霖、钱跃的《冯白驹将军传》，在对冯白驹的评价中，敢于接触反"地方主义"这一琼崖革命研究中的难点、热点、重点问题，以铁的事实说明广东和海南没有"地方主义"，更没有什么"冯白驹、古大存地方主义反党联盟"。这一问题也涉及对当初与这桩冤案有直接关系的广东省有关党政负责人的评价问题。刘子健在《应该欢迎陶斯亮同志尊重历史的态度》一文中引用了陶铸的女儿陶斯亮在 2007 年 4 月的一段谈话："在昨天的讨论中，有人提出：光谈功，不提过，毕竟是纪念活动嘛。我坚持，应该实事求是，以功为主，过也不回避。这个'过'，主要是陶铸在广东反'地方主义'运动，伤害了一些广东的同志。谈这个过，是为了弥合它，不是为了揭伤疤。""评说陶铸，反'地方主义'运动肯定是绕不过去的事情，那我们就正面对待。我们不会回避陶铸在这场运动中处理过头，把这些问题如实地说出来，是为了安抚那些受到错误对待的同志，消除伤害，达到和谐。"什么是实事求是？这就是实事求是。然而，迄今为止，关于海南反"地方主义"运动的问题仍然缺乏系统深入研究的论著，如究竟什么是"地方主义"？反"地方主义"的初衷是否正确？反"地方主义"运动涉及的许多人物，包括中央领导人如何评价，等等，这些问题都有待进一步研究。

琼崖革命中发生的冤假错案并不止于此。如 1932—1933 年，在琼崖特委开展的"肃清社会民主党、AB 团和改组派运动"中，有大批干部被错杀，仅红军独立师就被处死 200 多人，被害余部大多二三十岁。再如 1950 年的土地改革中，也相继发生了一系列冤假错案，如文昌县十三区的假土匪案、昌感县罗带乡的"国民党反共救国青年党"假特务案等，仅后一场假特务案就有 800 多人被定为特务分子。至于在土改中被错划成分的更是不计其数。这些在范基民、杜汉文的《海南土改运动亲历记》中都有详细记载。这些冤假错案的起因及后果，还有待研究。

9. 如何判定民国琼崖社会的性质？

琼崖革命发生于近代以来的民国琼崖社会。研究琼崖革命，必须研究它发生的社会背景，研究近现代琼崖社会的政治、经济、军事和文化。如果连琼崖社会的性质都判定不清楚，那么琼崖革命研究就会失之有据。因此，关于民国琼崖社会问题的研究，一直是学者们关注的重点领域。

琼崖是多民族聚居地，主要人口构成为汉族和黎族。虽然汉族聚区早已进入封建的农业社会，但民国时期的琼崖黎族地区仍然停留在合亩制阶段。什么是合亩制？有的学者认为它保留着浓厚的原始公社制残余，并掺杂各种经济因素；有的学者认为它的生产资料所有制基本上是私有制的，同时又存在公有制因素的残余；还有的学者认为合亩制地区已进入半封建半奴隶制社会等。这些观点在杨鹤书的《论海南岛黎族合亩制的起源、发展及其性质》，易谋远的《试论解放前黎族合亩制的社会性质》，张寿祺的《解放前黎族合亩区农耕组织及其礼俗》，王穗琼的《试论解放前黎族地区的社会形态》等文中都有陈述。虽然它们的观点并不一致，迄今也未取得统一认识，但都以大量史实论证了民国时期海南黎族地区的社会形态和社会性质以及为什么长期处于合亩制社会和如何评价这种社会的性质等问题。这些问题的研究，对于研究琼崖革命的动因，特别对黎、苗族人民反抗斗争具有重要的意义。

合亩制仅存在于黎族地区，并非民国琼崖社会的全部特征。邢寒冬、张兴吉的《民国时期海南黎族社会的巨变》认为，民国时期的中央政府在加强对黎族地区统治的同时，也推行了一些有利于黎族社会发展的政策，使黎族的汉族化倾向明显，使黎族的商品意识开始增加，从而也使民族融合进入新的阶段。符和积的《近代海南社会多种经济形态探析》进一步分析道，由于海南封建自然经济成熟的滞后性、近代海南社会性质变化引发的多种社会因素以及海南社会经济发展的不平衡性，因而近代海南的社会经济以封建制小农生产的自然经济为存在的主体，以正在产生和发展着的资本主义经济为发展主流，同时又残存着父系氏族公社制的原始经济，呈现多种经济形态的格局。他们认为，正是这种复杂的社会性质特点深刻地影响了海南社会变革，也促成了琼崖革命的形成。

民国时期的琼崖社会政局动荡，军阀独霸，民不聊生。符和积的《略论辛亥革命在海南》、《试析辛亥年琼崖政局的嬗变》等文系统阐述辛亥革命在海南的背景、经过与延续发展以及其历史意义。梁小娟的《邓本殷统治时期广东南路和海南岛的社会略况》和《广州国民政府南征对广东南路和海南岛的影响》，莫华生的《邓本殷在海南的反动统治及其覆没》等文，则揭露民国初年军阀邓本殷独霸广东南路和海南岛后，苛政迭出，祸国殃民，战乱频繁，土匪横行的社会状况。冯仁鸿的《海口的几次大游行》还记叙了邓本殷统治海南时期，在海口开设"谈话处"（鸦片烟馆），"银牌馆"（赌馆），"梅花赌场"等引发群众性反吸毒、反赌博的示威游行活动的始末。《海南文史资料》第4辑还以辛亥革命时期的海南军政史料为主，收有不少这方面的研究文章，如《孙中山与海南辛亥革命运动》、《辛亥年琼崖政权移交之斗争》、《辛亥革命时期琼崖革命党人的运动》、《民主革命先驱林文英在辛亥革命前后的活动》、《琼崖讨袁军总司令陈侠农》、《琼籍同盟会员名事录》等文。这些论述都有助于人们了解琼崖革命发生的社会背景。

民国时期的琼崖社会经济发展，人口增长，社会变革空前。这种变革自清代已经开始。陈丹阳的《清代海南岛农业经济地理初探（1652—1911）》（暨南大学硕士学位论文）研究有清一代100多年来自内地的移民进入海南岛后促进了海南农业经济前所未有的大开发，不但影响了黎汉人民的生活方式，也改变了海南岛的自然地理状况。《海南文史资料》第17辑以"棕榈之岛——海南概览"为主题，以清末民初美国传教士的眼光看海南，编选了他们关于海南的地理、资源、民族、人口、贸易、宗教等、民俗等资料，为研究琼崖社会开辟了新的角度。张兴吉的《民国时期的海南（1912—1949）》更全面记叙了琼崖社会从1912—1949年政治、经济、交通、能源、民族、城市、华侨以及文化等方面的发展和变革，以大量丰富的资料说明这种变革不但在长达2000年的琼崖历史长河中占有重要地位，而且作为其动荡与变革的结果，对新中国成立后的海南社会结构也产生了极为深刻的影响。海南省地方史志办公室编写的《琼崖史料珍存》，收有广东省政府档案馆收藏的1926—1949年民国海南的部分史料，对于研究近现代琼崖社会具有很高的价值。吴建新的《抗战以前海南热带农业资源的研究与开发》和张朔人的《民国时期海南人口问题研究》等文，也都分析了民国琼崖时期经济和人口发展给琼崖社会带来的变化。

出于海南建省，关于近代民国时期琼崖开发和行政建制的问题也引起了研究者的兴趣。清末，在张之洞、岑春煊督粤时便有海南建省的动议。夏军的《民国时期计划开发海南岛的一组史料》通过对史料分析，指出国民政府在1937年前后就欲在海南岛设置特区并拟定交通、经济等项开发计划。方大伦的《近代海南建省考略》，杜昭的

《孙中山与海南建省》，王鹏的《抗战前的海南开发计划》，李琴芳的《资源委员会开发海南岛草案》等文，叙述近代以来海南独立设省的数次构想与流产，特别分析了孙中山关于在海南设省并建海港、铁路，逐步予以开发的设想以及抗战胜利后国民党政府接收海南岛后拟订的《开发海南岛草案》。夏军在《梁有成关于开发东西沙群岛建议书》中揭示了 1937 年关于开发东、西沙群岛，以兴实业、固国防的建议书。这些史料的披露和分析，有助于认识琼崖的历史和思考如何加快海南开发的步伐。

　　10. "木船打军舰"的奇迹是怎样创造出来的？

　　解放海南岛战役，是决定琼崖革命胜利的最后一役。这场战役是在解放军没有海军和空军支援，没有海战实战经验，甚至连落后的运载工具都不足的情况下进行的。它创造了世界近代海战史上前所未有的"木船打军舰"的奇迹。然而，这个奇迹是怎样创造出来的？是纯战略战术问题吗？众多军事专家和党史专家都注意到了这一问题的重要性。

　　关于这场战役的经过，参加过渡海作战部队和琼崖纵队的老战士的回忆文章中都有详细记载。徐芳春的《潜渡海峡敌肋插刀》，刘振华的《血战琼崖》，施征的《1950 年解放军木船渡海取海南》，宋维械的《"叶挺独立团"跨海征琼崖》，王群存的《海南战役大事记》，阎捷三的《海南岛战役追忆》等文，都如实记述了解放海南战役中的全过程。海南省委党史研究室的《海南解放五十周年纪念文集》、《英明的决策，辉煌的胜利》、《碧血琼崖照千秋》以及李传华、张书松、李书兵的《海南解放实录》等，都将具有千头万绪的历史故事和海战场面融为一体，全面记述了中国人民解放军渡海大军用"木船打军舰"的奇迹，把这场战役的全过程展示在读者面前。值得一提的，是苏洪义的《解放海南岛，部分官兵异国密林蒙难记》却披露了鲜为人知的一段历史：为解放海南岛，解放军某部木船在渡海演练中遭遇风暴意外漂至异国，遇险战士在丛林里野人般地生活了 4 年，只有部分战士曲折归国，但归者蒙冤，留者却富甲一方。

研究海南战役，军事理论专家的兴趣集中于这场战役的战略战术。良驹的《邓华将军指挥海南岛战役纪实》，罗印文的《战争史上的奇迹》，谢国钧的《敌前练精兵海峡变通途》，李伯秋、尹灿贞的《海南岛战役中的解方同志》，郑德厚的《海南岛战役中的解方将军》等文，都解析了军事指挥者的指挥才能和指挥艺术，分析和总结了解放军在没有海空军协同作战的情况下，如何灵活运用陆上战术经验，利用木帆船等简陋航渡器材取得登陆作战胜利的宝贵经验。田玄的《关于海南岛战役作战方针的考察》和杨晓杰的《海南岛战役及其成功经验》等文，不但系统总结这场战役以劣势装备战胜优势敌人的战史经验，而且论述此役对于新中国的政治、军事、经济和国际关系产生的重要影响，其意义已经超出了军事学范围。

解放海南战役的胜利首先是毛泽东思想的胜利，是人民解放军的胜利，也是中国人民的胜利。但是，如果没有以冯白驹为首的琼崖区党委和琼崖纵队的支援和配合，这场战役能否胜利显然是未知数。邢诒孔、徐冰的《海南战役的胜利是毛泽东军事思想的胜利》对毛泽东军事思想在这场战役中发挥的作用进行了全面分析和论证，而这场战役创造的渡海作战的成功经验，也使毛泽东军事思想得到了新的丰富和发展。《海南之战》、《海南解放实录》、《海南解放五十周年纪念文集》、《英明的决策，辉煌的胜利》、《碧血琼崖照千秋》等书也都反复引用毛泽东关于海南战役的指示和周恩来、朱德等对琼崖革命的评价，特别是毛泽东关于"海南岛与金门岛情况不同的地方，一是有冯白驹的配合，二是敌军战斗力较差"指示精神，指出这不但体现了党中央对琼崖区党委、琼崖纵队和琼崖人民的高度信任，也是对琼崖党组织和琼崖人民坚持武装斗争"二十三年红旗不倒"的充分肯定。因此，如果没有琼崖人民的积极接应，如果没有琼崖纵队的里应外合，海南成为"第二个台湾"的事实是完全可能存在的。陈青山的《忆琼崖纵队迎接配合渡海大军解放海南岛》、陈诚的《试析海南岛解放战役胜利的原因》、潘展明的《论海南岛战役胜利的基本原因》、杨建成的《试论海南岛战役胜利的基本原因》、耿立安的《向民用船只要战斗力》等文章，在分析解放军克服重重困难、以弱胜强的战斗精神的同时，也都充分肯定了琼崖地方党组织和琼崖纵队以及琼崖人民的全力支援，认为这些都是解放海南战役胜利的必要条件和重要保证。

　　解放海南战役在中国革命战争史上具有特殊的地位和意义。枫叶的《对海南岛战役几个问题的探讨》、魏碧海的《海南岛战役渡海登陆作战的历史经验与思考》、建林的《解放海南岛战役的奇迹》等文，都从军事学、政治学和历史学的角度，对海南岛战役的历史意义和现实意义进行了全面的分析。它们一致指出，此战役比原计划提前两个月完成，一是彻底打破并摧毁了蒋介石把海南岛变成"第二个台湾"的梦想，二是使抗美援朝战争能如期打响，其意义十分重大。

三、琼崖革命研究中存在的问题与展望

　　琼崖革命研究六十年的成绩是巨大的。钱跃在《浅析琼崖革命史研究状况和问题》一文中总结道，琼崖革命研究"以严谨之学风和实事求是的态度研究中国共产党领导下的琼崖革命，取得了不少成绩"。具体表现为："史料整理工作富有成效"，"人物研究比较细致"，"对琼崖纵队的研究比较深入"等[①]。虽然此文写于20世纪90年代中叶，但其评价基本没有过时。当然不仅仅如此。与10多年前相比，琼崖革命研究又有新的发展，不但日趋系统化，而且向纵深发展，出现了一批内容充实、观点新颖的论文和著作。在日益活跃的学术空气中，不但一些曾经被忽略的问题，如琼崖革命中的普通英烈和民国琼崖的党军政人物得到了重视，而且一些曾经的疑难问题，如"琼崖地下学联"案和"反地方主义"案也已成为研究者感兴趣和涉足的领域。在研究中，研究者们也开始突破传统的研究范围，将研究视角向民国

---

　　① 中共海南省委党史研究室、海南省中共党史学会编：《琼崖革命研究论文选》，中共党史出版社1994年版，第395—397页。

时期琼崖社会的政治、经济、民族和文化等领域拓展，呈现多学科结合研究琼崖革命的良好态势。

然而，在充分肯定琼崖革命研究取得巨大成就的同时，我们也还应看到该领域存在着一些不足。一道琼州海峡隔开了海南岛和中国内陆，这也使得许多事情往往先在中国内陆发生，然后在海南岛出现。譬如，关于海南的新民主主义革命，就以1926年6月中共琼崖地方党组织成立为正式起始，比中国共产党的成立时间晚了5年；再如，关于海南的社会主义革命开端，就以1950年5月解放海南岛为标志，比中华人民共和国成立晚了大半年。这就是与中国其他地区相比，海南岛诸事"慢半拍"的特征。在琼崖革命研究中，也存在着这种"慢半拍"的特征，需要我们在以下几个方面引起注意。

（一）解放思想，实事求是，与时俱进，不断提高琼崖革命研究的理论水平

从整体上来看，琼崖革命研究较好地坚持了唯物史观，能够实事求是地分析有关问题，因而才取得了巨大成就。但是，在具体问题的研究中，这一原则并未完全贯彻到所有的研究课题中。譬如琼崖抗战，当然是中国共产党领导下的反法西斯斗争，但是也必须承认其中存在着国共合作，因为没有国共合作，就不存在统一战线问题。但在《海南抗日战争史稿》中，我们看到的是一部国民党正规军完全缺席的抗日战争史。在赵康太的《琼剧文化论》中，就有琼崖群众为掩护国民政府委派的驻琼专员而惨遭日军屠杀1200余人的史料。① 其实，郑小枚的《论琼崖国共合作》就是一篇较有新意的论文。它坦承琼崖国共合作的存在事实，但又认为"因为合作的时间短分裂的时间长、孤悬海外、人为因素的决定性影响，使中共琼崖党组织对合作的认识、决策和地位、力量，成为维持统一战线局面的关键"。但是，"从第一次合作的血泊中走出的琼崖共产党人，以自己政治上的成熟和军

---

① 赵康太：《琼剧文化论》，南方出版社、海南出版社2008年版，第32页。

事上的有利条件，创造了第二次合作的契机和局面，使其23年的追寻与奋斗最终成为历史的选择"。可惜研究琼崖抗战问题时，这种观点并没有引起重视。这种情况当然影响了琼崖革命研究的理论水平，出现了研究成果多，但低水平研究也不少的现象。再如1946年，琼崖纵队先接受指示要求"北撤"山东，后来又接受指示要求"南撤"越南。面对上级的决定，琼崖党组织灵活地处理了这一问题，坚持留在海南岛进行武装斗争，从而成为人民解放军解放海南岛的"内应"。否则，海南可能就成为"第二个台湾"。这不但是实事求是的典范，而且也是琼崖党组织成熟的标志，其意义无论怎样评价都不过分。但是，这一问题并没有引起研究者的重视。因此，提高琼崖革命研究的理论水平，必须强调坚持解放思想、实事求是、与时俱进的马克思主义理论品质，因为这不但是科学研究的立场、观点和方法，而且也是把学术研究推向纵深领域并不断取得高水平成果的必要条件。

（二）克服"孤岛"意识，走出海南岛，以全新的视野研究琼崖革命

长期以来，在海南的琼崖革命研究中，强调"孤岛奋战"、"红旗不倒"等较多，但以全国的视野，从中国新民主主义革命的进程，甚至从20世纪世界文明发展趋势中认识琼崖革命的研究成果较少。譬如，抗战爆发后，在中国共产党领导下，广东军民先后建立了东江、琼崖、珠江、韩江和南路等抗日游击纵队，后统称"华南抗日纵队"。在广大人民群众和海外侨胞、港澳同胞的支持下，华南抗日纵队进行了艰苦卓绝的斗争，抗击了华南地区日军的60%和几乎全部伪军，是中国共产党领导下的"敌后三大战场之一"。海南党史界在研究抗战问题时，其目光基本没有离开海南岛，主要是就琼崖党的组织建设、琼崖抗日武装斗争和琼崖革命根据地等问题进行研究。但是，广东党史界却将琼崖抗战纳入华南抗日斗争乃至整个世界反法西斯斗争的进程中认识，从而使人们认识到琼崖革命斗争并非孤立进行的。韦显文的《坚持敌后的华南抗日武装》，黄自为的《华南抗日根据地

的创建及其历史作用》，李边、田玄的《解放战争时期华南游击纵队的形成发展及其作用》等文，在论述华南地区的武装斗争和革命根据地建设时都将琼崖革命作为重点进行分析，高度评价了包括琼崖纵队在内的华南游击纵队所进行的曲折纷繁、艰苦卓绝的斗争，以及其在新民主主义革命中的历史地位和作用。而且，这些文章多发表于《军事历史》、《军事历史研究》等全国性刊物。相比较而言，海南党史界的研究一般缺乏这种全局性和战略性的眼光。1996 年纪念抗战胜利五十周年时，海南省委党史研究室等单位联合举办了专题学术研讨会，并出版《不朽的丰碑》论文集，虽然入选论文研究内容十分丰富，也不乏新颖观点，但研究的视野并没有超出海南岛。既然是琼崖革命研究，当然要研究琼崖革命，但应将其放在中国新民主主义革命的进程中来研究，以开放的意识，宽阔的视野，平和的心态，借鉴或与其他学科相结合，以开辟研究的新途径。只有如此，才能使琼崖革命研究走出海南岛，而不再只是一门"岛学"。

（三）着眼于现实，服务于现实，构建面向世界、面向未来、面向现代化建设的琼崖革命研究体系

许士杰曾指出："琼崖纵队孤岛奋战，二十三年红旗不倒，有很多经验，这些经验可以让我们今天进行有中国特色的社会主义建设作借鉴。"[①] 历史不能割断。如果说琼崖革命是海南社会主义现代化建设的准备，那么海南社会主义现代化建设便是琼崖革命的继续。正是在这一意义上，我们也可以说，海南社会主义现代化建设就是一场新时代的琼崖革命。因此，琼崖革命研究必须着眼于今天海南社会主义现代化建设的现实需要，以服务于现实的需要为宗旨。其实，近年来的琼崖革命研究在这方面做得比较好，特别是《今日海南》、《海南日报》等报刊非常重视琼崖革命精神的宣传和普及。然而，这还不

---

① 中共海南省委党史研究室、海南中共党史学会编：《冯白驹精神永存——冯白驹研究论文选》，南海出版公司 1998 年版，第 291 页。

够。总地来看，现在的琼崖革命研究还存在着就事论事的情况，还不能为海南社会主义现代化建设提供有力的精神支持，也不能很好地满足海南经济特区建设的需要。譬如，我们十分重视琼崖革命"红旗不倒"和"孤岛奋战"的经验，但在很大程度上忽视了琼崖革命根据地的执政经验研究。中国共产党虽然在新中国成立以后才全面执政，但在新中国成立前的陕北、琼崖等革命根据地已经拥有局部执政经验，而且琼崖革命根据地是新中国成立前中国共产党局部执政最久的区域。中国共产党在这块地区的长期执政经验对于今天的中国共产党由革命党向执政党转型，不但提供了充分的理论与实践根据，而且具有重要的理论提升价值和实践探索意义。作为全国最大的经济特区，在海南国际旅游岛建设上升为国家战略的背景下，海南各级党组织如何提高执政水平和执政能力，海南各级政府如何加强经济建设、民主政治、社会发展等的组织、管理和协调能力，"二十三年红旗不倒"的琼崖革命都留下了许多宝贵的可资借鉴的经验。琼崖革命研究只有立足于琼崖革命的规律，着眼于现实，服务于现实，其研究才能体现出强烈的时代性，也才能为中国化的马克思主义理论宝库增加更多内容。

（四）加强史料的抢救、收集和整理，拓展史料收藏和利用的范围，不断把琼崖革命研究导向深入

经过六十年的史料抢救、收集和整理，琼崖革命的史料建设已经自成体系，但是远远不够。由于经费不足，各地抢救整理出来的史料，包括一些珍贵的历史文献，还有国外的资料不能翻译出版，只能以内部发行的方式印行，不但发行面小，而且因为印刷质量等因素已很难保存。随着老一代的不断辞世，海南近现代史的史料抢救与保护工作已刻不容缓。譬如海南的慰安妇问题，本来人数已愈来愈少，加之只会讲方言，且涉及难以启齿的往事，因此如何以口述历史的方式记录和整理这些难得的史料已成当务之急。同样的问题，也存在于"红色娘子军"等研究中。建省前，海南长期隶属于广东行政区划，

因此许多关于海南的重要资料都保存在广州和北京等相关机构里。民国时期的各种报刊，民国政府的档案，包括党政军重要会议记录、重要人物言论，甚至敌伪档案等，因为涉及海南社会的政治、经济和文化等的变迁，不仅是历史文化遗产，而且有十分重要的研究价值。缺乏史料，或史料不足，许多问题难以开展研究，或者研究结论难以真实。关于日军侵琼和琼崖抗战问题的研究之所以能够后来者居上，主要是近年来一批通日文的学者对于日文资料的翻译和使用，如张兴吉、房建昌、王翔等。这些成果因其材料新和观点新，因而引起重视，多发表于《中国边疆史地研究》、《历史教学》、《民国档案》、《抗日战争研究》等全国性刊物。这对于提高琼崖革命研究水平，无疑具有启发意义。因此，重视琼崖地方党史的资料抢救、收集、整理和出版，加大经费投入，加强对琼崖革命传统文化的保护和弘扬，已经成为琼崖革命研究刻不容缓的话题。

（五）统筹规划，合理布局，加强培养，不断提高琼崖革命的研究水平

经过六十年的建设，琼崖革命研究的基本格局已经形成。关于琼崖革命的重大问题研究主要在省委党史研究室，史料收集、整理和研究主要在以省委党史研究室为主体的包括各市县党史研究室组成的地方党史研究系统，琼崖革命史研究主要在海南大学，民国琼崖社会问题研究主要在海南师大，黎、苗族等少数民族问题研究主要在琼州学院。尽管如此，总体来看，并没有形成集团研究的优势，特别是作为科研主体的高等院校，基本上是研究力量各自为战，而各单位间也缺乏相互协调，而全省在琼崖革命问题研究上也缺少总体规划。由于缺乏总体规划，学术交流和沟通渠道不畅通，因而研究内容重复，学术资源浪费，水平有待提高，是琼崖革命研究的普遍现象。从研究队伍来看，随着琼崖革命老战士的纷纷辞世，对琼崖革命研究的热情已经逐渐为研究的理性所替代。与此同时，这也意味着琼崖革命研究正面临着新老交替的时期。省内高校只有海南大学具有中共党史硕士点，

而在全国绝大多数省份都有党史博士点分布了。近年来，广东、湖南、福建等省的高等院校，不少研究生都以民国时期的琼崖问题为博士、硕士学位论文选题，并且取得了一批高水平成果，长此以往，也许会出现琼崖革命在海南，而琼崖革命研究的高水平成果在省外的局面。一般来说，在学术研究比较成熟的领域，都会出现一些这方面的学术专家或权威学者，这些专家学者反过来又会带领该学科的研究不断深入。然而，迄今为止，我们还没有出现在国内具有较大影响力的著名专家和学者。这也从另一方面说明我们的学术研究水平还不高，当然也说明琼崖革命尚未引起相关学科专家们的研究兴趣。因此，对于琼崖革命研究进行统筹规划，全面协调，合理布局，优化结构，重点攻关，调动专家学者的研究兴趣，加强对新生研究力量的培养，甚至组织跨省合作的综合性研究课题等，已经成为提高琼崖革命研究水平的关键性问题。

纵观琼崖革命六十年的研究，我们可以将其大体归纳为：研究成果丰硕，但理论研究水平有待进一步提高；研究特色十分突出，但研究视野相对狭窄；重视为现实服务，但现实感和时代感仍然不够强烈；史料的抢救、收集和整理取得了巨大成就，但经费不足限制了史料建设的深入；专题研究取得突破性进展，但学科规划相对滞后。特别是与同为革命老区的陕西、江西等省的地方党史和革命史研究相比，海南地方党史和革命史的研究任重而道远。但是，六十年的研究取得的成就已经为琼崖革命的研究奠定了坚实的基础，这正是琼崖革命研究在 21 世纪将得到新的发展的希望所在。我们相信，未来的琼崖革命研究一定会更加深入，更趋成熟。

主要参考文献

《列宁全集》第4卷，人民出版社1984年版。

《列宁全集》第11卷，人民出版社1987年版。

《列宁全集》第33卷，人民出版社1985年版。

《列宁选集》第2卷，人民出版社1995年版。

《毛泽东选集》第1—4卷，人民出版社1991年版。

中共中央宣传部编：《习近平总书记系列重要讲话读本》，学习出版社、人民出版社2014年版。

中央档案馆编：《中共中央文件选集》第11册，中共中央党校出版社1991年版。

中共海南区党委党史办公室编：《冯白驹研究史料》，广东人民出版社1988年版。

中共海南省委党史研究室编：《琼崖大革命史料选编》，1994年版。

中共广东省海南行政区委员会党史办公室、海南行政区档案馆编：《琼崖土地革命战争史料选编》，1987年版。

中共广东省委党史资料征集委员会、中共广东省海南行政区委员会党史办公室编：《琼崖抗日斗争史料选编》，1986年版。

中共海南省委党史研究室、海南省档案馆编：《琼崖解放战争史料选编》（上、下），1989年版。

陈永阶编：《琼崖革命先驱者文集》，琼岛星火编辑部1985年版。

陈永阶、林飞鸾：《琼崖华侨联合总会回乡服务团研究史料》，琼岛星火编辑部1993年版。

肖焕辉：《琼崖曙光》，广东人民出版社 1989 年版。

《琼岛星火》第 3 期，琼岛星火编辑部 1981 年版。

《琼岛星火》第 4 期，琼岛星火编辑部 1981 年版。

《琼岛星火》第 13 期，琼岛星火编辑部 1984 年版。

《琼岛星火》第 18 期，琼岛星火编辑部 1989 年版。

《琼岛星火》第 22 期，琼岛星火编辑部 1997 年版。

吴之、贺朗：《冯白驹传》，当代中国出版社 1996 年版。

邢诒孔、彭长霖、钱跃：《冯白驹将军传》，中共党史出版社 1998 年版。

朱逸辉编：《琼崖旗帜——纪念冯白驹将军诞辰 100 周年》，海南出版社 2004 年版。

琼崖武装斗争史办公室编：《琼崖纵队史》，广东人民出版社 1986 年版。

黎雄峰：《海南社会简史》，海南出版社 2003 年版。

中共海南省委党史研究室编：《中国人民解放军海南将领传》，广东人民出版社 1991 年版。

中共海南省委党史研究室编：《中共琼崖党史纪事》，琼岛星火编辑部 1992 年版。

琼崖妇运史料征集研究领导小组编：《琼崖妇女革命斗争记事——新民主主义革命时期》，1985 年版。

中共海南省委党史研究室：《红旗不倒——中共琼崖地方史》，中共党史出版社 1995 年版。

中共海南省委党史研究室：《中国共产党海南历史（第一卷）》，中共党史出版社 2007 年版。

赵康太：《琼崖革命论》，南海出版公司 2005 年版。

李德芳等：《琼崖革命精神论》，武汉大学出版社 2007 年版。

李德芳：《琼崖革命史》，南方出版社、海南出版社 2008 年版。

王齐冰：《琼崖革命研究六十年》，南海出版公司 2011 年版。

中共琼海县党史办公室编：《琼海革命斗争史》，中国三环出版社

1990 年版。

中共文昌县委党史办编：《文昌人民革命史》，海南出版社 1988
年版。

中共琼山县委党史研究室编：《琼山革命史》，海南出版社 1994
年版。

程昭星、邢诒孔：《黎族人民斗争史》，民族出版社 1999 年版。

程昭星、林开耀、程鹏：《中国共产党与黎族社会发展》，中央文
献出版社 2010 年版。

张一平、程晓华：《海南抗日战争史稿》，南方出版社、海南出版
社 2008 年版。

黄慰慈、许肖生：《华侨对祖国抗战的贡献》，广东人民出版社
1991 年版。

中共海南省委党史研究室、海南省中共党史学会编：《琼崖革命
研究论文选》，中共党史出版社 1994 年版。

中共海南省委党史研究室编：《海南解放 50 周年纪念文集》，南
海出版公司 2001 年版。

后 记

中国共产党领导的琼崖革命"二十三年红旗不倒",是中国革命史上的奇迹。其中许多领域都有待于深入研究。十余年来,海南大学马克思主义学院的教师出版了《琼崖革命论》、《琼崖革命精神论》、《琼崖革命史》、《琼崖革命简史》、《琼崖革命研究60年》、《琼崖革命研究文集》、《海南红色文化与实践育人探索》等著作,形成了琼崖革命研究阵地和研究特色。

本书系教育部人文社会科学研究项目的一项探索成果。研究工作由我主持,具体写作分工是:前言:李德芳;第一章:刘军花、王善;第二章:杨帅、李德芳;第三章:王亚萌;第四章:涂意;第五章:王鹏;附录:赵康太。杨素稳对第三、四、五章初稿进行了较多补充。全书由我和杨素稳进行系统修改并定稿。

本书在课题申报、研究写作的过程中,得到了海南省社科联党组书记、主席赵康太教授的大力支持。赵康太教授不仅在20世纪90年代出版了《琼崖革命论》,开拓了琼崖革命研究新领域,而且在海南大学牵头申报并获得了中共党史硕士点,为海南省培养了一批党史专业人才。近年来,赵康太教授对琼崖革命研究进行了系统、全面的学术史梳理,撰写了《六十年的琼崖革命研究述评》。经赵康太教授同意,本书收录该文,以飨学者。我指导的研究生樊红潮同学对全书注释进行了细致校对。中国社会科学出版社任明主任对本书出版付出了许多辛劳。谨此致谢!

从区域马克思主义中国化的视角对琼崖革命进行研究,在学术界还是一种尝试。其研究深度和广度都有待于拓展。本书权当引玉之砖。我们将在此基础上继续探索，不断超越，努力将更新的成果奉献给学术界。

李德芳

2016 年 1 月 16 日